Ferdinand Holböck

Die 33 Kirchenlehrer

Auch sollt ihr euch nicht Lehrer nennen lassen, denn nur einer ist euer Lehrer, Christus (Mt 23,10).

Nach drei Tagen fanden sie ihn im Tempel; er saß mitten unter den Lehrern, hörte ihnen zu und stellte Fragen (Lk 2,46).

Docendo discimus – Durch lehren lernen wir (Sprichwort nach Seneca d. J. im 7. Brief).

Gebt das Heilige nicht den Hunden und werft eure Perlen nicht den Schweinen vor, denn sie könnten sie mit ihren Füßen zertreten und sich umwenden und euch zerreißen (Mt 7,6).

Prof. Dr. Ferdinand Holböck

FERDINAND HOLBÖCK

Die 33 Kirchenlehrer

Promoviert zum Doctor Ecclesiae

CHRISTIANA-VERLAG
STEIN AM RHEIN

Biographische Notizen:

Dr. theol. Ferdinand Holböck, Univ.-Professor an der Theol. Fakultät der Universität Salzburg, Konsistorialrat, Domkapitular des Salzburger Metropolitankapitels, Päpstlicher Hausprälat; Theologiestudium in Rom; Priesterweihe am 30. Oktober 1938 in Rom, Kaplan an der deutschen Nationalkirche der Anima in Rom, Religionslehrer, Schriftleiter des «Österreichischen Klerus-Blattes», Verfasser zahlreicher dogmatischer und hagiographischer Werke. Er wurde 1982 zum Mitglied der Päpstlichen Theologischen Akademie in Rom und im Januar 1997 zum Apostolischen Protonotar ernannt.Ferdinand Holböck starb am 13. Oktober 2002 im 90. Lebensjahr und im 65. Priesterjahr.

Kirchliche Druckerlaubnis
Solothurn, den 6. Februar 2003
P. Dr. Roland-B. Trauffer OP, Generalvikar

Bildteil: Arnold Guillet

Erste Auflage 2003: 1.-3. Tsd.
© CHRISTIANA-VERLAG
CH-8260 STEIN AM RHEIN/SCHWEIZ

Alle Rechte vorbehalten.

Druck: Wiener-Verlag, Himberg/Wien – Printed in Austria

Bibliografische Information der Deutschen Bibliothek

Die Deutsche Bibliothek verzeichnet diese Publikation in der Deutschen Nationalbibliografie; detaillierte bibliografische Daten sind im Internet über http://dnb.ddb.de abrufbar

ISBN 3-7171-1107-8

Inhaltsverzeichnis

Vorwort des Verlegers

«Die 33 Kirchenlehrer» ist das letzte Buch von Ferdinand Holböck. Seine Korrekturbogen bekamen wir wenige Tage vor seinem Tod am 13. Oktober 2002. Wir sind dankbar, dass wir sein Hausverlag sein durften. Angesichts einer so reichen Ernte und weil es sich um sein letztes Oeuvre handelt, ist es angebracht, dass wir ihm, dem führenden Hagiographen im deutschen Sprachraum, am Schluss des Buches einen ausführlichen Nachruf widmen und ihm damit ein kleines Denkmal im letzten seiner Bücher setzen.

Ich finde es tröstlich, dass bei unseren Kirchenlehrern auch der Humor nicht zu kurz kommt. Sehr originell ist die Bemerkung des hl. Franz von Sales: «Ein trauriger Heiliger ist ein trauriger Heiliger.» Das deckt sich mit der Kritik von Friedrich Nietzsche: «Die Christen müssten mir erlöster aussehen.» Das erste Bild in diesem Buch zeigt den Völkerapostel Paulus, den man als Lehrer der Kirchenlehrer bezeichnen könnte. Das letzte Bild zeigt den hl. Augustinus, den vermutlich größten, meist zitierten und produktivsten Kirchenlehrer, der, wie es im lateinischen Schlusssatz unter dem Bild vermerkt ist, 1'300 Bücher, Traktate und Briefe verfasst hat.

Der Verleger Arnold Guillet

Zur Einleitung

Eine Reihe von Büchern über Heilige, gruppiert unter verschiedenen Aspekten (z.B. eucharistische Heilige, trinitarische Heilige, marianische Heilige usw.) verfasste ich, um dabei zu zeigen, wie bestimmte Heilige sehr vielsagende authentische Zeugen und Vorbilder für viele, heute vielfach bestrittene oder bezweifelte Glaubenswahrheiten sind.

Ein Buch solcher Art hatte ich vor fünfundzwanzig Jahren (1977) in einem Dogmatikseminar an der Theologischen Fakultät der Salzburger Universität über die Kirchenlehrer geplant, war aber bisher nicht zur Ausführung gekommen.

Als aber Papst Johannes Paul II. am 19. Oktober 1997 die heilige Theresia von Lisieux († 30. September 1897) anlässlich ihres 100. Todestages mit seinem Apostolischen Schreiben «Divini amoris scientia» zur Würde einer Kirchenlehrerin erhob, reizte es mich, der nun auf dreiunddreißig angewachsenen Zahl der Kirchenlehrer, ihrem Leben, ihren Werken und ihrer Bedeutung wieder nachzuspüren.

Ein boshaftes Wortspiel, das mir dabei ein Kollege vorhielt, sei einleitend noch erwähnt: Es gibt heute unter den Religionslehrern und Predigern viele «Kirchenleerer», aber zu wenige Nachahmer der Kirchenlehrer in ihrer Glaubenstreue und Glaubenstiefe. Wenn dieses mein letztes Buch eine bescheidene Anregung dazu bietet, freue ich mich darüber.

Zum Inhalt seien folgende Bemerkungen angeführt: Die Kirchenlehrer werden in chronologischer Reihenfolge (gemäß ihrem Todesjahr) vorgestellt und zwar mit einer Kurzbiographie und einer «Kostprobe», einem charakteristischen, beispielhaften Abschnitt aus ihrem Werk. Anschließend wird noch das Kirchengebet aus der Messfeier des betreffenden Heiligen gebracht, weil darin zum Ausdruck kommt, was die Kirche speziell von den einzelnen Heiligen erwartet. Die genannte «Kostprobe» sind zumeist ein oder zwei Texte aus dem Lektionar zum Stundengebet (Die Feier der Lesehore, 2. Lesung). Am Schluss folgt noch eine Liste der verwendeten Literatur.

Salzburg, 13. Juli 2002 – Drei Monate vor seinem Tod

Ferdinand Holböck († 13. Oktober 2002)

Paulus, den Gott zum Völkerapostel, zum Lehrer der Kirchenlehrer und der ganzen Kirche bestellt hat.

Der Titel
«Kirchenlehrer – Doctor ecclesiae»

Zum rechten Verständnis dieses Titels «Kirchenlehrer – Doctor ecclesiae» ist es vielleicht sinnvoll, zunächst auf den akademischen Titel im menschlichen Bereich hinzuweisen:

Der akademische Titel Dr. (Doctor – Lehrer) wird auf dem Weg der Promotion, nach positiv beurteilter schriftlicher wissenschaftlicher Arbeit (Dissertation) und mündlicher Prüfung (Examen Rigorosum) von einer Hochschule (Universität) verliehen, die das Recht dazu von der zuständigen höchsten Behörde (früher Kaiser oder Papst) erhalten hat.

Der Titel wird an den einzelnen Fakultäten bzw. Fachbereichen der Hochschule erworben, daher Dr. theol., Dr. jur., Dr. med., Dr. phil. usw. Es gibt auch den Dr. h.c. (Dr. honoris causa, Dr. ehrenhalber), der ohne Ableistung und Prüfung aufgrund wissenschaftlicher, kultureller oder politischer Verdienste verliehen wird.

Der Titel Doctor ecclesiae (Kirchenlehrer) wird vom Papst bestimmten kanonisierten Heiligen aufgrund besonderer Leistungen auf theologischem (dogmatischem, moraltheologischem, aszetisch-mystischem) Gebiet verliehen.

Dieser Titel entwickelte sich seit dem 13. Jahrhundert aus der «Weiterführung und Überhöhung des Titels «Kirchenvater», der seit dem 8. Jahrhundert im Abendland vor allem den vier großen Theologen des ausgehenden vierten und beginnenden fünften Jahrhunderts, dem hl. Ambrosius († 397), Hieronymus († 420), Augustinus († 430) und Gregor dem Großen († 604) und im Orient den drei überragenden ökumenischen Theologen Basilius († 379), Gregor von Nazianz († 390) und Johannes Chrysostomus († 407) gegeben wurde. Später kamen noch weitere heilige Lehrmeister der Theologie dazu, die erst im fünften, sechsten bzw. siebten Jahrhundert gelebt und gewirkt haben, wobei im Abendland Isidor von Sevilla († 636) oder Beda Venerabilis († 735), im Osten Johannes von Damaskus († 749) als letzter Kirchenvater galt.

Dann kam der Titel «Kirchenlehrer» auf, wobei die zeitliche Begrenzung auf das christliche Altertum wegfiel, dafür aber neben der persönlichen Heiligkeit eine beachtens- und nachahmenswerte schriftstellerische Leistung auf dogmatischem, moraltheologischem, asketischem oder mystischem Gebiet herausgestellt wurde.

Die Bedeutung der Kirchenlehrer versteht man nur dann richtig, wenn man sie in Leben und Lehre in der Nachfolge dessen sieht, der von sich sagen konnte: «Einer ist euer Lehrer: Christus!» Jesus ist der wahre und eigentliche Kirchenlehrer. Von ihm betonen die Evangelisten: «Er zog in ganz Galiläa umher und lehrte in den Synagogen und verkündete das Evangelium vom Reich» (Mt 4,23).

«Jesus zog durch alle Städte und Dörfer, er lehrte in ihren Synagogen, verkündete das Evangelium vom Reich» (Mt 9,35). Bei seiner Gefangennahme im Ölgarten sagte Jesus zu den Soldaten und Knechten der Hohenpriester: «Wie gegen einen Räuber seid ihr mit Schwertern und Knüppeln ausgezogen um mich festzunehmen. Tag für Tag saß ich im Tempel und lehrte und ihr habt mich nicht verhaftet. Das alles aber ist geschehen, damit die Schriften der Propheten in Erfüllung gehen» (Mt 26, 55).

Mit Recht wird Jesus Christus von allen Titeln, die ihm in der Schrift gegeben werden, am häufigsten der Titel «Lehrer» (didaskalos, Rabbi) gegeben. Die Autorität dieses Lehrers, der von Gott gekommen ist, wie Nikodemus (vgl. Joh 3,2) feststellte, ist größer als die der Propheten, größer als die des Mose: «Den Alten ist gesagt worden:

... ICH aber sage euch ... » (Mt. 5,21). Dieser Lehrer aber übertrug seine von Gott kommende Lehrautorität seinen Aposteln: «Wer euch hört, der hört MICH!» (Lk 10,16). So sind die Apostel die eigentlichen Kirchenlehrer in der Nachfolge Christi. Es hat sich aber in der Kirche der Brauch entfaltet, besonders hervorragende Heilige mit dem Titel «Kirchenlehrer (Doctor ecclesiae)» auszustatten.

Die erste «Kirchenlehrerpromotion» nahm Papst Bonifaz VIII. am 20. September 1295 vor, als er die vier großen abendländischen Kirchenväter Ambrosius († 397), Hieronymus († 420), Augustinus († 430), und Gregor den Großen († 604) zu Kirchenlehrern ernannte.

Dann vergingen fast 400 Jahre, bis wieder ein Papst, nämlich der Dominikanerpapst Pius V. am 11. April 1567 fünf bedeutende heilige Männer zu Kirchenlehrern ernannte, nämlich den großen Dominikanertheologen Thomas von Aquin († 1274) und die vier morgenländischen Kirchenväter Athanasius der Große († 373), Basilius († 379), Gregor von Nazianz († 490) und Johannes Chrysostomus († 407). Der Franziskanerpapst Sixtus V. erklärte am 14. März 1588 den heiligen Bonaventura († 1274) zum Kirchenlehrer. Papst Clemens XI. tat dies am 3. Februar 1720 mit dem heiligen Anselm von Canterbury († 1109).

Papst Innozenz XIII. erteilte am 25. April 1722 dem heiligen Isidor von Sevilla († 636) die Würde eines Kirchenlehrers. Papst Benedikt XIII. stattete am 10. Februar 1729 den Kirchenvater Petrus Chrysologus († 450) mit der Würde eines Kirchenlehrers aus.

Gleiches tat dann Papst Benedikt XIV. am 15. Februar 1754 gegenüber Papst Leo dem Großen († 441).

Papst Leo XII. ernannte am 27. September 1828 den heiligen Petrus Damiani († 1072) zum Kirchenlehrer. Papst Pius VIII. gewährte am 20. August 1830 dem heiligen Bernhard von Clairveaux diese Würde. Papst Pius IX. hat drei heilige Bischöfe mit der Kirchenlehrerwürde ausgestattet, nämlich den heiligen Hilarius von Poitiers († 367) am 13. Mai 1851, den Ordensstifter Alfons von Liguori († 1787) am 7. Juli 1871 und am 6. November 1877 Franz von Sales († 1622), den Bischof von Genf.

Viermal hat dann Papst Leo XIII. Kirchenlehrer ernannt, und zwar den Kirchenvater Cyrill von Alexandrien († 444) und den Kirchenvater Cyrill von Jerusalem († 387) am 28. Juli 1882; den letzten Kirchenvater der Ostkirche, den heiligen Johannes von Damaskus († 751) am 19. August 1890 und den heiligen Beda Venerabilis († 735) am 13. November 1899.

Papst Benedikt XV. erklärte den heiligen Diakon Ephräm den Syrer († 373) am 5. Oktober 1920 zum Kirchenlehrer.

Papst Pius XI. hat viermal eine Kirchenlehrerpromotion vorgenommen: Für den heiligen Petrus Canisius († 1597) am 21. Mai 1925, für den heiligen Johannes vom Kreuz († 1591) am 24. August 1926, für den heiligen Robert Bellarmin († 1591) am 17. September 1931, und für den heiligen Albertus Magnus († 1280) am 16. Dezember 1931. Papst Pius XII. ernannte am 16. Januar 1946 den Franziskanermönch Antonius von Padua († 1231) zum Kirchenlehrer.

Papst Johannes XXIII. tat Gleiches am 19. März 1959 mit dem Kapuzinerordenspriester Laurentius von Brindisi († 1619).

Zum erstenmal hat es dann Papst Paul VI. gewagt, zwei heilige Frauen, nämlich die heilige Teresa von Avila († 1586) am 27. September 1970 und Katharina von Siena († 1380) am 4. Oktober 1970 zur Kirchenlehrerwürde zu erheben.

Papst Johannes Paul II. ernannte am 20. Oktober 1997 die hl. Theresia von Lisieux († 1897) zur Kirchenlehrerin.

Es gibt demnach bisher dreiunddreißig «Doctores ecclesiae» (dreißig Kirchenlehrer und drei Kirchenlehrerinnen). Zweifellos gäbe es noch gar manche Anwärter auf diese Würde, sowohl unter den heiligen Männern als auch unter den heiligen Frauen.

Warum wurden bisher gerade diese dreiunddreißig Heiligen zu Kirchenlehrern ernannt? Hat nicht dieser oder jener Heilige noch mehr getan und geschrieben in der Darstellung und Verteidigung von Glaubenswahrheiten? Wäre dieser oder jener Heilige nicht vorbildhafter in seinem Leben und Wirken? Warum wurden gerade diese dreiunddreißig Heiligen zu Kirchenlehrern ernannt? Hatte nur der betreffende Papst, der an diesem oder jenem Heiligen die Promotion vornahm, eine besondere Vorliebe gerade für diesen oder jenen Kandidaten? Oder war bei diesem oder jenem Heiligen das Rivalitätsdenken eines bestimmten Ordens, einer bestimmten Nation oder sonst ein Grund für diese Promotion maßgeblich?

«Treibende Motive (für die Ernennung bestimmter Heiliger zu Kirchenlehrern) sind die Postulate der christlichen Nationen, der Wettstreit der Orden und der Theologenschulen, neuestens aber eher das Streben nach einer geschichtlich genaueren Repräsentanz der theologischen Entfaltung in Dogmatik, Moral, Askese und Mystik» (Karl Rahner).

Lassen wir vorläufig diese Frage nach dem Motiv, dem Anlass und Grund für die Ernennung eines Heiligen zum Kirchenlehrer beiseite. Schauen wir zuerst einmal die Bedeutung der einzelnen Kirchenlehrer an.

Die Kirchenlehrer sollen nun der Reihe nach kurz geschildert werden, wobei die schriftlichen Werke, in denen sie ihr «Lehramt» sichtbar und weiterwirkend bis in unsere Zeit ausüben, am Ende des Buches aufgeführt werden.

Hilarius von Poitiers

Ehemann, Staatsbeamter, Christ, Bischof († 367)

Ein verheirateter Bischof, Kirchenvater und Kirchenlehrer, gibt es denn das? So könnte man fragen, und doch trifft es auf den hl. Hilarius, den verdienstvollen Bischof von Poitiers und tapferen Kämpfer gegen die Irrlehre des Arianismus zu. In manchen Biographien dieses Heiligen wird aber aus falscher Scham verschwiegen, dass er verheiratet war und eine Tochter hatte.

Hilarius wurde um 315 n. Chr. in Poitiers in Aquitanien (Frankreich) als Sohn vermögender, heidnischer Eltern geboren. In seiner Vaterstadt, später in Bordeaux erhielt er seine wissenschaftliche Ausbildung, vor allem in Grammatik und Rhetorik.

Obwohl Hilarius Heide war, stieß ihn doch das größtenteils sehr üppige, sittlich verdorbene Leben seiner heidnischen Mitbürger ab. Beruflich war er im höheren Verwaltungsdienst tätig. Er heiratete; seine Ehe wurde mit einem Kind, einer Tochter, die den Namen Abra (Afra) bekam, gesegnet.

Die heidnische Weltanschauung genügte dem großen Durst nach Wahrheit, wie er sich in seinem rechtschaffenen und edlen Herzen immer mehr regte, nicht. In seinem Ringen nach Erkenntnis der Wahrheit, besonders bezüglich der Sinnfrage des Menschenlebens, wurde er wie von ungefähr auf die Lektüre der Hl. Schrift und dann durch diese unter dem Beistand der göttlichen Gnade zum christlichen Glauben geführt.

Er ließ sich um 345 mit seiner Frau und seiner Tochter Abra in der Osternacht taufen. Er führte nun mit Frau und Tochter, wie vorher schon als Heide, jetzt erst recht als Christ, ein vorbildliches Leben. Alle drei gereichten bald ihren Mitchristen in Poitiers zum Vorbild; sie genossen den allerbesten Ruf.

So ist es zu verstehen, dass dann, als um 350 der Bischofssitz von Poitiers vakant geworden war, Hilarius einstimmig als der Würdigste für die Nachfolge des verstorbenen Bischofs angesehen wurde. Er beugte sich dem Wunsch des christlichen Volkes. Es wird nun ausdrücklich betont, dass Bischof Hilarius seit Empfang der Bischofsweihe in vollständiger Enthaltsamkeit lebte. Denkbar ist, dass seine Gattin entweder vor oder bald nach der Bischofsweihe starb.

Nur die Tochter Abra lebte noch. Um sie sorgte sich Bischof Hilarius, wie sein Brief an Abra zeigt, in welchem er sie zum Festhalten an der Jungfräulichkeit bestärkt.

Hilarius wurde wegen seiner rechtgläubigen, antiarianischen Einstellung vom Kaiser Konstantius 356 nach Phrygien in Kleinasien verbannt. Hier lernte er auch die östliche Theologie kennen. In dieser Zeit verfasste er sein Hauptwerk «De Trinitate». Auch hier in Phrygien kämpfte Hilarius weiter gegen den Arianismus. So wurde er wieder nach Frankreich zurückversetzt. Er erwarb sich mit Recht den Ehrentitel eines «Athanasius der Große der Große des Abendlandes». Die Arianer aber bezeichneten ihn und seine rechtgläubigen Mitkämpfer als Pflanzstätte der Zwietracht und Durcheinanderbringer des Orients (discordiae seminarium et perturbator Orientis). Hilarius ist auch Dichter von Hymnen (besonders über die Heiligste Dreifaltigkeit); und dies noch vor dem hl. Ambrosius.

Hilarius starb 367 in Poitiers, wo er seinen Klerus zu einer festgefügten, gläubigen Gemeinschaft zusammenführte, woraus sich dann durch seinen heiligen Schüler Martin von Tours (316-397) die ersten mönchischen Gemeinschaften Galliens entwickelten. Auf dem Provinzial-

*Hilarius, Bischof von Poitiers und Kirchenlehrer, war
Seelenfüher und Lehrer des hl. Martin von Tours.
Stilisierter Stich aus dem 17. Jahrhundert*

konzil in Paris 1850 beschlossen die französischen Bischöfe, ein Gesuch an den Papst Pius IX. zu richten, er möge den hl. Hilarius zum Kirchenlehrer ernennen. Der Papst folgte dieser Bitte im Jahre 1851.

Aus seinem Werk

Aus dem Kommentar des hl. Hilarius von Poitiers zu Psalm 127 (126):

«‹Wenn nicht der Herr das Haus baut, müht sich der umsonst, der daran baut› (Ps 127,1). ‹Ihr seid Gottes Tempel, und der Geist Gottes wohnt in euch› (1 Kor 3,16). Dieses Haus, diesen Tempel, erfüllt von der Lehre und Kraft Gottes und durch Heiligkeit des Herzens fähig, Gottes Wohnstätte zu sein, meint der Psalmist: ‹Heilig ist dein Tempel, wunderbar in seinem Ebenmaß› (Ps 64,6). Heiligkeit, Ebenmaß und Enthaltsamkeit des Menschen sind Gott ein Tempel.

Dieses Haus muss Gott erbauen. Wird es nämlich durch menschliches Tun errichtet, hat es keine Dauer; ruht es auf den Lehren der Welt, hat es nicht Bestand; das Aufgebot unserer armseligen Mühe und Sorge schützt es nicht. Es muss anders errichtet, anders erhalten werden. Es darf nicht auf Erde, nicht auf unterspülten Grund, nicht auf rinnenden Sand zu stehen kommen; vielmehr muss sein Fundament auf den Propheten und Aposteln ruhen.

Mit lebendigen Steinen muss man es weiterbauen; ein Schlussstein muss es zusammenhalten; durch die Kräfte gegenseitiger Verbundenheit muss es zum ‹Leib Christi in seiner voll verwirklichten Gestalt› (Eph 4,13) emporwachsen; mit Schönheit und dem Schmuck geistgeschenkter Gaben muss man es ausstatten.

Wird es so von Gott, das heißt gemäß seiner Unterweisung erbaut, stürzt es nicht ein. Aus diesem einen Haus werden viele Häuser, indem viele Gläubige weiterbauen, ein jeder auf seine Weise. Und so weitet es sich aus zu jener schönen, großen, seligen Stadt.

Schon lange ist der Herr der wache Hüter dieser Stadt: er beschützt Abraam auf seinem Wanderzug, er bewahrt Isaak vor dem Opfertod, er macht Jakob in seinem Knechtsdienst zum reichen Mann, bringt in Ägypten den verkauften Josef zu Herrschermacht, festigt Mose gegenüber dem Pharao, erhebt Josua zum Heerführer, entreißt David allen Gefahren, beschenkt Salomo mit der Gabe der Weisheit, steht den Propheten zur Seite; er entrückt Elija, erwählt Elischa, speist Daniel, spendet erfrischenden Tau den jungen Männern im Feuerofen, gesellt sich als vierter zu den dreien; vor seiner Geburt aus der Jungfrau belehrt er Josef durch einen Engel; er stärkt Maria, sendet Johannes vor sich her, erwählt die Apostel und betet zum Vater: ‹Heiliger Vater, bewahre sie. Solange ich bei ihnen war, bewahrte ich sie in deinem Namen› (Joh 17,11-12).

Zuletzt nach seinem Leiden verspricht er, selber über uns beständig zu wachen, indem er sagt: ‹Seht, ich bin bei euch alle Tage bis zum Ende der Welt› (Mt 28,20).

Dies ist die ewige Wache über jener heiligen, seligen Stadt, der Gottesstadt, die aus vielen zur Einheit zusammengewachsen und in einem jeden von uns gegenwärtig ist.

Diese Stadt muss also durch den Herrn erbaut werden, damit sie wachse und sich weite, der Vollendung entgegen.

Einen Bau beginnen heißt ja noch nicht: ihn fertigstellen; aber durch das Weiterbauen wird die Vollendung zum fertigen Bauwerk herbeigeführt» *(Aus: Die Feier des Stundengebetes. Stundenbuch für die katholischen Bistümer des deutschen Sprachgebietes, Hrsg. im Auftrag aller deutschsprachigen Bischofskonferenzen, Freiburg/Brsg. 2001, S. 1143f.).*

Aus einer Auslegung des hl. Hilarius zu Psalm 133 (132):

«‹Wie gut und schön ist es, wenn Brüder miteinander in Eintracht wohnen›. Gut und schön ist es, wenn Brüder miteinander in Eintracht wohnen, denn wenn sie miteinander in Eintracht wohnen, bilden sie die Gemeinde der Kirche; wenn sie Brüder genannt werden, sind sie eines Willens, in Liebe vereint.

Wir lesen, dass es in der ersten Predigt der Apostel ein großes Gebot war: ‹Die Gemeinde der Gläubigen war ein Herz und eine Seele.› Denn so musste es beim Volk Gottes sein, dass alle unter dem einen Vater Brüder und in dem einen Geist eine Einheit waren, dass sie unter einem Dach einmütig lebten und an dem einen Leib Glieder dieses einen Leibes bildeten. Gut und schön ist es, wenn Brüder miteinander in Eintracht wohnen» *(Aus: Lektionar für die Feier des Stundengebetes).*

Gedenktag des hl. Hilarius: 13. Januar

Die Kirche betet:

Allmächtiger Gott, erhöre unser Gebet am Gedenktag des hl. Bischofs Hilarius, der unermüdlich die Lehre von der Gottheit deines Sohnes verteidigt hat. Gib uns Weisheit und Kraft, damit wir die Größe dieses Geheimnisses erkennen und deinen Sohn glaubwürdig bezeugen, der in der Einheit des Heiligen Geistes mit dir lebt und herrscht in alle Ewigkeit. Amen.

Athanasius der Große

Diakon, Bischofssekretär, Priester, Bischof († 373)

Athanasius der Große wurde um 295 in Alexandrien (Ägypten) geboren. In seiner Kindheit erlebte er noch die grausame Christenverfolgung unter Kaiser Diokletian.

Früh schon in die klassische Bildung eingeführt, wurde er Diakon und Sekretär seines Bischofs Alexander von Alexandrien. Er wohnte noch als Konzilsexperte dem Konzil von Nizäa (325) bei. Athanasius der Große war Grieche der Bildung und Erziehung nach; er war bezüglich Abstammung und Denkart Kopte (Ägypter). Mit dreiunddreißig Jahren wurde er nach dem Tod seines Bischofs (328) dessen Nachfolger und Oberhaupt (Patriarch) der Kirche Ägyptens. Er blieb das fünfzig Jahre lang. Er wurde aber wegen seines Kampfes gegen die arianische Gottähnlichkeit Jesu siebenmal – zusammengerechnet für siebzehn Jahre – aus Alexandrien verbannt. Seine Gegner waren die Arianer, welche die Gottheit Christi leugneten, und die hinter ihnen stehende rücksichtslos vorgehende Staatsgewalt (nach 330: Konstantin I. † 337; und nach 350: Konstantius I. † 361). Die erste – zweijährige – Verbannung führte Athanasius, er wurde 335 auf dem Konzil zu Tyros – ungültigerweise – für abgesetzt erklärt, nach Trier, die zweite Verbannung erlebte er 339-345 in Rom, die späteren ungültigen Absetzungen (353; 355) und Verbannungen im Untergrund in der Nähe von Alexandrien. Alle diese Verbannungen mit ihren Entbehrungen überstand Athanasius mit Tapferkeit und Unbeugsamkeit in der Treue gegenüber den Beschlüssen des Konzils von Nizäa über die Gottheit Jesu Christi. Athanasius starb achtzigjährig in Alexandrien am 2. Mai 373.

Aus seinem Werk

Aus einem Osterbrief des heiligen Athanasius des Großen:

«Nahe ist uns das Wort, das für uns alles geworden ist, unser Herr Jesus Christus, der uns verspricht, immer bei uns zu bleiben. Deswegen rief er: ‹Ich bin bei euch alle Tage bis zum Ende der Welt› (Mt 28,20).

Er wurde für uns der Hirt, der Hohepriester, der Weg, die Tür, überhaupt alles. So ist er auch an dem Hochfest für uns erschienen, wie der selige Apostel schreibt: ‹Als unser Paschalamm ist Christus geopfert worden (Kor 5, 7)›, er, auf den die Menschheit gewartet hat. Er hat auch Licht geworfen auf die Worte des Psalmisten, der gesagt hat: ‹Du mein Frohlocken, rette mich vor denen, die mich umringen!› (Ps 32,7). Das ist der wahre Jubel, dies das echte Hochfest: der Sieg über das Böse. Jeder, der dahin gelangen will, führe ein Leben der Redlichkeit und Besinnlichkeit in der Ruhe der Gottesfurcht.

So lebten die Heiligen, und dadurch verbrachten sie ihr ganzes Leben in Freude, als wäre es ein Hochfest. Einer von ihnen, David, erhob sich nicht nur einmal des Nachts, sondern siebenmal und stimmte Gott gnädig durch sein Gebet. Ein anderer, der große Mose, jubelte in Hymnen. Er stimmte einen Lobgesang an auf den Sieg über den Pharao und über die, welche die Hebräer bei der Arbeit quälten. Andere haben in immerwährender Freude Gottesdienst gehalten wie der große Samuel und der selige Elija. Wegen ihres redlichen Lebens erlangten sie die Freiheit, und jetzt feiern sie im Himmel das Fest. Sie jubeln über ihre einstige Pilgerschaft im Schatten und können nun die Wirklichkeit vom Bild unterscheiden.

Welche Wege sollen wir einschlagen, da wir jetzt das Hochfest begehen? Da das Fest nun nahe ist, welchen Führer werden wir haben? Meine Lieben, keinen andern

Athanasius der Große, Patriarch von Alexandrien. Mosaik im Baptisterium der Kirche San Marco in Venedig 14. Jh.

als ihn, den ihr selbst mit mir nennen werdet: unsern Herrn Jesus Christus, der spricht: ‹Ich bin der Weg!› (Joh 14,6), der, wie der heilige Johannes sagt, ‹die Sünde der Welt hinwegnimmt› (Joh 1,29). Er reinigt nach dem Propheten Jeremia unsere Herzen: ‹Stellt euch auf die Wege und haltet Ausschau, fragt, wo der Weg zum Guten liegt; geht auf ihm, so werdet ihr Ruhe finden für eure Seele› (Jer 6,16)!

Einst wurde das Blut von Böcken und Kälbern über die Unreinen ausgesprengt und konnte doch nur den Leib reinigen (Vgl. Hebr 9,13); jetzt aber wird ein jeder durch die Gnade des göttlichen Wortes mehr als rein. Ihm, dem Wort, müssen wir alsbald folgen. Dann dürfen wir hier wie in einem Vorraum des himmlischen Jerusalem das ewige Fest vorwegnehmen» *(Aus: Lektionar für die Feier des Stundengebetes, Vierter Fastensonntag, S. 119f.).*

Gedenktag des hl. Athanasius des Großen: 2. Mai

Die Kirche betet:

Allmächtiger, ewiger Gott, du hast dem heiligen Bischof Athanasius der Große den Geist der Kraft und der Stärke verliehen, so dass er die Lehre von der wahren Gottheit deines Sohnes unerschrocken verteidigte. Höre auf die Fürsprache dieses heiligen Bekenners. Hilf uns, an der Botschaft festzuhalten, die er verkündet hat, und gib, dass wir unter seinem Schutz dich tiefer erkennen und inniger lieben. Darum bitten wir durch Jesus Christus, unseren Herrn, der in der Einheit des Heiligen Geistes mit dir lebt und herrscht in alle Ewigkeit. Amen.

Ephräm der Syrer

Diakon, Prediger, Dichter († 373)

Geboren wurde Ephräm um 306 in Nisibis (Mesopotamien, heute Nusaibin, Türkei) wahrscheinlich als Sohn christlicher Eltern, die ihn christlich erzogen. Getauft wurde er erst, als er 338 zum Diakon geweiht wurde. Er blieb Diakon sein Leben lang.

363 verließ er mit vielen Christen seine Heimatstadt, nachdem diese von den Persern erobert worden war; er ließ sich auf römischem Gebiet in Edessa (heute Urfa, südöstliche Türkei) nieder.

Ephräm glänzte als Exeget, Prediger und Dichter. Ephräm, «Harfe Gottes» genannt, gilt als einzigartiger Dichter und Theologe, der in Form und Inhalt und mit bester Kenntnis der ganzen Bibel die syrische Literatur geprägt hat. Er starb am 9. Juni 373 in Edessa.

Am 5. Oktober 1920 wurde er von Papst Benedikt XV. zum Kirchenlehrer ernannt.

Aus seinem Werk

Aus dem Diatessaron Ephräms des Syrers:

«Herr, wer könnte mit seinem Geist auch nur eines von deinen Worten ganz verstehen? Das, was wir nicht erfassen, bleibt größer als das, was wir verstehen, wie Dürstende, die an einer Quelle trinken. Das Wort Gottes hat ja viele Seiten, die es den Lernenden je nach ihrer Auffassungsgabe darbietet. Gott hat seinem Wort viele Farben gegeben. Wer es erforscht, soll an ihm etwas sehen können, was ihn anspricht. Gott hat in seinem Wort Schätze von vielerlei Art niedergelegt; jeder von uns, der

Ephräm der Syrer in einer Darstellung des
19. Jahrhunderts. Zum Kirchenlehrer wurde er
1920 von Papst Benedikt XV. ernannt.

sich darum müht, soll daran reich werden können. Das Wort Gottes ist ein Lebensbaum, der dir auf allen Seiten gesegnete Frucht anbietet, darin ähnlich jenem Felsen, der sich in der Wüste auftat und nach allen Seiten einen geistlichen Trank darbot. Der Apostel sagt: ‹Alle aßen die gleiche gottgeschenkte Speise, und alle tranken den gleichen gottgeschenkten Trank.›

Wer also einen Teil aus dem Schatz bekommt, meine nicht, das Wort enthalte nur das, was er selbst gefunden hat. Er soll sich vielmehr darüber klar sein, dass er aus dem reichen Inhalt nur diesen Teil finden konnte. Er sage nicht, das Wort selbst sei dürftig und unfruchtbar, weil er nicht weiter kam und nur diesen Ausschnitt zu finden vermochte. Er verachte das Wort nicht, sondern sage Dank für seine Reichtümer, die er selbst nicht zu fassen imstande ist» *(Aus: Lektionar für die Feier des Stundengebetes II/6, Sonntag 14. Woche im Jahreskreis, S. 11).*

Gedenktag des hl. Ephräm: 9. Juni

Die Kirche betet:

Erhabener Gott, wir begehen den Gedächtnistag des heiligen Diakons Ephräm. Erfüllt vom Heiligen Geist, hat er in Hymnen und Liedern deine Größe besungen. Gib auch uns deinen Geist, damit wir dich loben und dir mit ganzer Hingabe dienen. Darum bitten wir durch Jesus Christus, unseren Herrn, der in der Einheit des Heiligen Geistes mit dir lebt und herrscht in alle Ewigkeit. Amen.

Basilius der Große

Mönch, Priester, Bischof († 379)

Geboren wurde Basilius um 329/30 in Caesarea in Kappadokien als Sohn des angesehenen Rhetors Basilius und der Emmelia. Er hatte drei Geschwister, Gregor von Nyssa, Petrus von Sebaste und Makrina die Jüngere. Alle gelten als Heilige. Seine Ausbildung bekam Basilius in den Rhetorenschulen zu Caesarea (Kappadokien), Konstantinopel und Athen. Dort befreundete er sich mit seinem Landsmann Gregor von Nazianz. Um 356 in die Heimat zurückgekehrt, war er kurze Zeit Lehrer für Rhetorik, bald darauf nahm er Abschied von der Welt.

Er ließ sich 357 taufen und suchte dann die berühmtesten Asketen in Syrien, Palästina, Ägypten und Mesopotamien auf. Ein paar Jahre lang lebte er dann mit Gleichgesinnten (u.a. Gregor von Nazianz) in völliger Abgeschiedenheit in der Nähe von Neocaesarea in Pontus. Mit Gregor von Nazianz zusammen erarbeitete er eine Blütenlese (Philokalia) aus den Schriften des Origenes. Die beiden Freunde schrieben auch zwei Mönchsregeln, die für das Mönchtum im Orient von entscheidendem Einfluss wurden.

Im Jahr 364 empfing Basilius die Priesterweihe, 370 wurde er Erzbischof von Caesarea in Kappadokien. Als Erzbischof kämpfte er unermüdlich gegen Irrlehren, vor allem gegen den Arianismus. Er bemühte sich erfolgreich um Einheit und Eintracht unter den Bischöfen und war vorbildlich besorgt, den Armen und Notleidenden zu helfen. Basilius starb am 1. Januar 379 in Caesarea. Er verdiente sich den Beinamen «der Große» , «der überragende Theologe», «der Vater des östlichen Mönchtums» und «der beeindruckende Prediger». Am 11. April 1567 wurde er von Papst Pius V. zusammen mit den drei morgenländischen Kirchenvätern Athanasius der Große der Große, Gregor von Nazianz und Johannes Chrysostomus zum Kirchenlehrer ernannt.

Aus seinem Werk

Aus dem Buch von Basilius über den Heiligen Geist:
«Der Herr, der unser Leben lenkt, gab uns den Bund der Taufe, die ein Bild des Todes und des Lebens ist. Das Wasser ist Bild des Todes (Röm 6,5), der Geist gibt das Unterpfand des Lebens (Eph 1,14). So ist für uns klargeworden, wonach wir fragen, warum nämlich dem Wasser der Geist beigegeben ist. Die Taufe hat ein doppeltes Ziel: Der Leib der Sünde soll vernichtet werden, damit er dem Tod keine Frucht mehr bringt, sondern im Geist lebt und Frucht bringt in Heiligkeit. Das Wasser bietet das Bild des Todes, da es wie ein Grab den Leib aufnimmt. Der Geist aber gibt die Kraft, die lebendig macht; denn er erneuert unsere Seele und führt sie vom Tod der Sünde zum ursprünglichen Leben zurück. Das ist das Wiedergeborenwerden von oben aus dem Wasser und dem Geist (Joh 3,3): im Wasser wird der Tod bewirkt, der Geist aber schafft unser Leben.

Das große Mysterium der Taufe geht in dreimaligem Untertauchen und ebenfalls dreimaliger Anrufung Gottes vor sich. So wird das Bild des Todes ausgestaltet, und so wird die Seele der Täuflinge durch die Übergabe göttlichen Wissens erleuchtet. Wenn es im Wasser eine Gnade gibt, so ist sie nicht mit der Natur des Wassers gegeben, sondern stammt aus der Gegenwart des Geistes. Die Taufe ‹dient nicht dazu, den Körper vom Schmutz zu reinigen, sondern sie ist eine Bitte an Gott um ein reines Gewissen› (1 Petr 3,21). Der Herr bereitet uns auf

Kirchenlehrer Basilius der Große diktiert seine Lehre.
Gemälde von Francisco Herrrara le Vieux,
17. Jahrhundert, Louvre, Paris

das Leben aus der Auferstehung vor. Darum erklärt er uns, wie wir nach dem Evangelium leben sollen: Er gebietet uns, frei zu sein von Zorn, das Böse zu ertragen, uns von der Liebe zur Lust rein zu halten und frei von Geldgier zu leben, so dass wir vorwegnehmen, was die künftige Weltzeit von Natur aus besitzt, und so unserem Leben aus freiem Entschluss die rechte Richtung geben.

Durch den Heiligen Geist werden wir in das Paradies zurückversetzt, steigen wir zum Himmelreich auf und erlangen die Gotteskindschaft. Durch ihn kommt uns der Freimut, Gott Vater zu nennen, die Zuversicht, der Gnade Christi teilhaftig zu werden, Kinder des Lichtes zu heißen und die ewige Herrlichkeit zu erlangen. Kurz, wir erhalten die Fülle des Segens in dieser wie auch in der künftigen Welt. Die Güter, die nach der Verheißung für uns bereitstehen und deren Vorgeschmack wir durch den Glauben bereits haben, sind gleichsam schon da, und wir schauen die Gnade wie im Spiegel. Wenn schon das Unterpfand so herrlich ist (1 Kor 1,22), wie herrlich muss dann die Vollendung sein! Wenn die Erstlingsgabe schon so wunderbar ist (Röm 8,23), wie wunderbar muss dann die Fülle des Ganzen sein!» *(Lektionar für die Feier des Stundengebetes I/1, 4. Montag in der Osterzeit, 110-112).*

Gedenktag des hl. Basilius: 2. Januar

Die Kirche betet:

Gott, unser Vater, du hast deiner Kirche in den Bischöfen Basilius und Gregor heilige Hirten gege- ben, die uns durch ihre Lehre und ihr Leben den Weg der Wahrheit zeigen. Hilf uns auf ihre Fürsprache, dein Wort in Demut aufzunehmen und in Werken der Liebe zu bezeugen. Darum bitten wir durch Jesus Christus, unseren Herrn, der in der Einheit des Heiligen Geistes mit dir lebt und herrscht in alle Ewigkeit. Amen.

Cyrill von Jerusalem

Mönch, Diakon, Priester, Bischof († 387)

Cyrill von Jerusalem wurde um 310 in oder bei Jerusalem als Sohn christlicher Eltern geboren, er widmete sich sehr früh schon dem Ideal des Mönchtums und intensivem Studium der Heiligen Schrift.

Vor 334 wurde Cyrill von Jerusalem vom Bischof Macarius zum Diakon, vom Bischof Maximus zum Priester geweiht.

348 wurde Cyrill von Jerusalem nach dem Tod des Bischofs Maximus dessen Nachfolger; der arianisch gesinnte Bischof Alexius von Caesarea weihte ihn zum Bischof.

Bald geriet Cyrill von Jerusalem wegen seiner Treue zu den vom Konzil von Nizäa definierten Dogmen in Konflikt mit dem Bischof Alexius.

Zweimal wurde Cyrill abgesetzt und verbannt; zuerst auf einer Synode des Jahres 357 und dann von einer Synode des Jahres 360. Ein drittes Mal im Jahre 367 wurde er durch den Kaiser Valens abgesetzt und verbannt. Diese Verbannung dauerte bis 378. Elf Jahre lang musste Cyrill also im Exil leben.

Am Konzil von Konstantinopel im Jahre 381 konnte Cyrill von Jerusalem noch teilnehmen. Er starb 387.

Am 28. Juli 1882 wurde er zusammen mit Cyrill von Alexandrien von Papst Leo XIII. zum Kirchenlehrer ernannt, und zwar vor allem deshalb, weil er in seinen Katechesen, die er in der von Kaiser Konstantin erbauten Grabeskirche in Jerusalem gehalten hat, beeindruckend klar die Glaubenswahrheiten, vor allem auch die der Heiligsten Eucharistie dargelegt und verteidigt hat.

Aus seinem Werk

Aus den Katechesen Cyrills von Jerusalem:

«Erwirb und bewahre in Lehre und Verkündigung nur den Glauben, wie ihn die Kirche jetzt weitergibt und wie er durch die ganze Heilige Schrift gesichert ist. Nicht alle können die Heilige Schrift lesen; den einen ist der Mangel an Bildung, den andern der Mangel an Zeit im Weg. Damit die Seele aber nicht aus Unwissenheit zugrunde geht, fassen wir die ganze Lehre des Glaubens in wenigen Sätzen zusammen.

Ich will, dass ihr diese Wegzehrung die ganze Zeit eures Lebens bei euch habt und dass ihr keine andere außer dieser annehmt, selbst wenn auch wir unsere Meinung ändern und vortragen würden, was dem widerspricht, was wir jetzt lehren. Auch kein feindlicher Engel darf euch, in einen Engel des Lichtes verkleidet, in die Irre führen: ‹Wenn wir selbst es wären oder ein Engel vom Himmel: Wer euch ein anderes Evangelium verkündigt, als ihr angenommen habt, der sei verflucht› (Gal 1,8-9).

Achte zunächst einmal auf den reinen Wortlaut des Glaubensbekenntnisses, den du hörst, und präge ihn deinem Gedächtnis ein. Zur gegebenen Zeit erkenne aus der Heiligen Schrift die Verknüpfung der vorliegenden Sätze. Denn das Glaubensbekenntnis ist nicht nach menschlicher Willkür entworfen. Sondern das Passendste ist aus der ganzen Schrift zusammengestellt und bildet die einheitliche Lehre des Glaubens. Denn wie das Senfkorn in dem kleinen Keim die vielen Zweige enthält, so birgt auch dieses Glaubensbekenntnis in wenigen Worten das ganze Glaubensgut, wie es im Alten und im Neuen Testament enthalten ist. Seht also zu, Brüder, und haltet euch an die Überlieferung, die ihr nun empfangt, und schreibt sie auf die Tafel eures Herzens (vgl. Spr. 7,3).

Achtet mit aller Sorgfalt darauf, dass der Feind nicht jemand von euch müßig und erschlafft vorfindet und ihn seiner Rüstung beraubt. Kein Irrlehrer soll etwas von dem verdrehen, was euch überliefert ist. ‹Ich beschwöre euch› – wie der Apostel sagt – ‹vor Gott, von dem alles Leben kommt, und vor Jesus Christus, der vor Pontius Pilatus das gute Zeugnis abgelegt hat, bewahrt diesen euch überlieferten Glauben unbefleckt bis zur Erscheinung unseres Herrn Jesus Christus› (1 Tim 4,21).

Ein Schatz des Lebens ist dir jetzt überliefert worden. Der Herr wird Rechenschaft verlangen über das anvertraute Gut bei seinem Erscheinen, ‹das zur rechten Zeit herbeigeführt wird von dem seligen und einzigen Herrscher, dem König der Könige und Herrn der Herren, der allein die Unsterblichkeit besitzt, der in unzugänglichem Licht wohnt, den kein Mensch gesehen hat und kein Mensch zu sehen vermag› (1 Tim 6,15-16). Ihm die Herrlichkeit, Ehre und Macht in Ewigkeit. Amen» *(Aus: Lektionar für die Feier des Stundengebetes II, S. 165f.).*

Gedenktag des hl. Cyrill von Jerusalem: 18. März

Die Kirche betet:

Gott, du Quelle der Wahrheit, durch den heiligen Bischof Cyrill von Jerusalem hast du deine Kirche gelehrt, das Geheimnis der Erlösung tiefer zu verstehen. Höre auf seine Fürsprache und hilf uns, deinen Sohn Jesus Christus zu erkennen und in ihm die Fülle des Lebens zu finden, der in der Einheit des Heiligen Geistes mit dir lebt und herrscht in alle Ewigkeit. Amen.

Gregor von Nazianz

Priester, Bischof († 389)

Bei Gregor von Nazianz geht es um einen heiligen Kirchenlehrer, dessen Eltern und Geschwister wie er selbst in der Ostkirche als heilig verehrt werden.

Es lohnt sich darum, kurz auf die Daten der Eltern und Geschwister einzugehen: Gregors Vater, Gregor der Ältere (geb. um 280), war ein reicher Gutsherr in Arianz bei der Stadt Nazianz im westlichen Kappadokien (heute Nemizi bei Karvale in der Zentral-Türkei). Er hatte wichtige Staatsämter inne und gehörte einer heidnisch-jüdisch-christlichen Sekte an, die den «Zeus hypsistos» anbetete. Gregor der Ältere wurde durch seine Gattin Nonna zum Christentum bekehrt; mit 45 Jahren wurde er 325 getauft. Schon vier Jahre später wurde er Bischof von Nazianz. Er leitete seine Diözese «recht und schlecht», teilweise mit Hilfe seines Sohnes, und starb fast hundertjährig im Jahre 374. Sein Gedenktag ist der 1. Januar.

Gregors Mutter, Nonna, gebar ihrem Gatten drei Kinder. Sie starb 374 neunzigjährig als Nonne des Basilianerordens. Ihr Gedenktag ist der 5. August.

Gregors Schwester Gorgonia war verheiratet mit Alipius, dem sie zwei Söhne und drei Töchter gebar. Sie führte ein beispielhaftes Leben als christliche Gattin und Mutter und starb 370. Gregors Bruder Caesarius studierte Medizin in Konstantinopel und wurde Hofarzt am Kaiserhof unter Kaiser Constantius II. (337-361) und Julian dem Abtrünnigen (361-363); da dieser seinen Arzt für seine heidnischen Ideen gewinnen wollte, verließ Caesarius den Kaiserhof, er wurde aber von Kaiser Jovinian (363-364) wieder zurückgerufen und vom Kaiser Valens (364-378) zum Statthalter von Bithynien (Nordwest-Kleinasien) ernannt. Nach Errettung aus einem Erdbeben zog sich Caesarius auf den Rat seines Bruders Gregor und seines Freundes Basilius in die Einsamkeit zurück. Er starb 368. Sein gedenktag ist der 25. Februar.

Gregor von Nazianz (der Jüngere) wurde um 329/30 auf dem Landgut Arianz geboren. Seine Ausbildung erhielt er zunächst auf der Rhetorenschule in Caesarea in Kappadokien, dann in Caesarea in Palästina und schließlich in Athen, wo er zwei Jahre 356/57 zubrachte. Hier schloss er mit Basilius Freundschaft. Getauft wurde Gregor wahrscheinlich erst nach seiner Heimkehr nach Nazianz (358). Nun wirkte er kurze Zeit als Rhetoriklehrer. Er sehnte sich aber danach, seinen Freund Basilius wieder zu treffen, der sich in eine Einsiedelei in der Nähe von Neocaesarea zurückgezogen hatte. Die beiden Freunde nützten die Stille und Einsamkeit, um gemeinsam die «Philokalia», eine Sammlung von Texten des hochgeschätzten Origenes zusammenzustellen.

Der Aufenthalt in der Einsiedelei dauerte nicht lange, denn der greise bischöfliche Vater verlangte, dass sein Sohn nach Nazianz zurückkomme, um ihm bei der Leitung der Diözese zu helfen. Gegen seinen Willen wurde der künftige Kirchenlehrer von seinem Vater zum Priester geweiht. Er schildert seine damalige Stimmung in seinem «Sermo apologeticus de fuga». Diese Rechtfertigung wurde zu einer Abhandlung über die Würde des Priesteramtes. Gregors Freund Basilius war inzwischen Bischof von Caesarea in Kappadokien geworden. Er machte seinen Freund Gregor den Jüngeren zum Bischof von Sasima, einem kleinen Ort von geringer Bedeutung. Gregor trat aber die Leitung dieser neu errichteten Diözese nie an. Nach dem Tod seines Vaters (374) leitete er kurz die verwaiste Diözese Nazianz. Dann widmete er sich wieder dem beschaulichem Leben und zog sich in das Kloster St. Thekla in Seleukia (Isaurien) zurück.

Vier Jahre später, 379, wurde er gebeten, sich der verlassenen katholischen Minderheit in der fast ganz arianisch gewordenen Stadt Konstantinopel anzunehmen. Er sammelte die rechtgläubigen Christen in der kleinen Kirche der Anastasis. In dieser Kirche hielt Gregor der Jüngere seine fünf großen theologischen Reden über die Heiligste Dreifaltigkeit.

Schließlich wurde er Erzbischof von Konstantinopel und konnte im November 380 in der Hagia Sophia Einzug halten. 381 begann das zweite Konzil von Konstantinopel. Gregor der Jüngere nahm wegen aufgetauchter neuer Schwierigkeiten nach kurzer Regierung Abschied von seinem Amt und zog sich wieder in die Heimat zurück, wo er nun die letzten Lebensjahre verbrachte. Er starb 389 in Nazianz. Sein Leben ist charakterisiert durch seine Lebensfreundschaft mit dem hl. Basilius und durch seine melancholische Flucht, eine siebenfache Flucht vor sich und anderen: «Er floh vor Widerstand und Verfolgung, vor seiner eigenen Mutlosigkeit und Depression aus dem Mönchtum in das bischöfliche Amt, aus diesem Amt zurück in das Mönchtum, aus der Einsamkeit in die Stadt und aus der Stadt wieder in die Einsamkeit» (Th. Schnitzler). «Sein Lebenselement war die Rhetorik, deren Gesetze und Kunstmittel er in Prosa und Poesie mit vollendeter Meisterschaft handhabte» (B. Altaner).

Gregor von Nazianz der Ältere,
einer von den drei Hierarchen.
Russische Ikone aus dem
frühen 18. Jahrhundert

Aus seinem Werk

Aus einer Rede Gregors von Nazianz über die Menschwerdung Gottes:

«Der Sohn Gottes, der eher war als alle Zeit, der sichtbare, der Unermessliche und Unkörperliche, der Ursprung aus dem Ursprung, das Licht vom Licht, der Quell des Lebens und der Unsterblichkeit, das Abbild vom Urbild, das unabänderliche Siegel, das in allem getreue Ebenbild des Vaters, er, das Wort, in dem der Vater sich ganz ausspricht – er steigt herab zu seinem Bild.

Um des Fleisches willen nimmt er Fleisch an; um meiner Seele willen verbindet er sich mit einer vernunftbegabten Seele, um gleiche Art durch gleiche Art zu reinigen. Alles Menschliche nimmt er an, ausgenommen die Sünde: geboren von der Jungfrau, die an Seele und Leib vom Heiligen Geist von Anbeginn an gereinigt war, denn die Geburt musste geehrt und die Jungfräulichkeit im Vorraus geehrt werden. Gott hat die Menschheit angenommen und ist uns erschienen: die Einheit aus zwei Gegensätzen, aus dem Fleisch und dem Geist. Der Geist hat die Göttlichkeit geschenkt, das Fleisch hat sie angenommen. Er, der andere reich macht, wird selbst ein Bettler; denn die Armut meines Fleisches nimmt er auf sich, damit ich den Reichtum seiner Gottheit empfange (2 Kor 8,9). Er, der die Fülle besitzt, gibt diese Fülle preis; denn auf kurze Zeit entäußert er sich seiner Herrlichkeit, damit ich seines vollen Glanzes teilhaftig werde (Phil 2,7). Welch überreiche Güte! Welch ein Heilsgeheimnis um meinetwillen! Ich hatte das Bild Gottes empfangen, aber es nicht bewahrt. Er nimmt mein Fleisch an, um dem Bild das Heil, dem Fleisch die Unsterblichkeit zu bringen; zum zweitenmal geht er die Gemeinschaft mit uns ein, weit wunderbarer als das erstemal. Dadurch, dass Gott die Menschheit annahm, sollte der Mensch geheiligt werden.

So wollte Gott die Macht des Tyrannen überwältigen und uns befreien und uns zu sich zurückführen durch seinen Sohn, den Mittler. Dieser lenkte alles zum Ruhm des Vaters, dem er – für jeden erkennbar – in allem gehorchte.

Er hat sein Leben eingesetzt für die Schafe (Joh 10,11), kam als guter Hirt zu dem verirrten Schaf, zu jenen Bergen und Hügeln, auf denen du (den Götzen) opfertest (Hos 4,13); er fand das verirrte Schaf und nahm es auf dieselben Schultern, auf denen er das Holz des Kreuzes trug; er nahm das Schaf und führte es zum ewigen Leben. Der Lampe des Vorläufers (Joh 5,35) folgte das helle Licht, der Stimme (Jes 40,3) das Wort; der Bräutigam folgte dem Brautwerber (Joh 3,29), der dem Herrn ein vorzügliches Volk bereitete (Lk 1,17) und es im Voraus durch das Wasser für den Empfang des Geistes reinigte.

Gott musste in unser Elend kommen. Er musste Fleisch annehmen und sterben, damit wir leben. Wir sind mit ihm gestorben, um rein zu werden. Wir sind mit ihm auferstanden, weil wir mit ihm gestorben sind. Wir sind mit ihm verherrlicht, weil wir mit ihm auferstanden sind» *(Aus: Lektionar für die Feier des Stundengebetes I, S. 23f.).*

Der Gedenktag des hl. Gregor von Nazianz (zusammen mit dem seines Freundes Basilius): 2. Januar.

Die Kirche betet:

Gott, unser Vater, du hast deiner Kirche in den Bischöfen Basilius und Gregor heilige Hirten gegeben, die uns durch ihre Lehre und ihr Leben den Weg der Wahrheit zeigen. Hilf uns auf ihre Fürsprache, dein Wort in Demut aufzunehmen und in Werken der Liebe zu bezeugen. Darum bitten wir durch Jesus Christus, unseren Herrn, der in der Einheit des Heiligen Geistes mit dir lebt und herrscht in alle Ewigkeit. Amen.

Ambrosius von Mailand

Staatsmann, Bischof († 397)

Aurelius Ambrosius ist um 339/340 in Trier (Deutschland) geboren und gehörte der Herkunft nach zur Gens Aurelia. Er stammte aus einer aristokratischen, römischen, christlichen Familie. Sein Vater Ambrosius war um 337 bis 340 Präfekt in Gallien unter Kaiser Konstantin II. Der junge Ambrosius hatte eine Schwester namens Marcellina, die Ordensschwester wurde, und einen Bruder namens Satyrus. Der Aufenthalt in Trier dauerte nicht lange, denn nach dem Tod des Vaters (um 353) kehrte die Mutter mit ihren Kindern nach Rom zurück.

Ambrosius machte wahrscheinlich die üblichen Studien (Grammatik und Rhetorik) durch. Um 361 wird er sein Studium beendet haben. 365 begab er sich von Rom nach Sirmium, um dort die Karriere eines römischen Staatsbeamten, den «cursus honorum» beim Präfekten Vulcatius Rufinus zu beginnen. Er stieg dann sehr rasch auf, wurde Berater des Präfekten.

Um 368-70 wurde Ambrosius bereits zum Konsul erwählt mit dem Auftrag, die Provinzen Ligurien und Aemilia mit dem Sitz in Mailand zu regieren. Der Biograph des hl. Ambrosius, Paulinus, erzählt, der Vorgesetzte des Ambrosius habe ihm bei der Einführung in sein neues hohes Amt geraten: «Vade, age non ut judex, sed ut episcopus!» (Geh und handle nicht als Richter, sondern wie ein Bischof!)

Ambrosius hat in Mailand sein Amt als höchster Beamter mehrere Jahre sehr gerecht und väterlich ausgeübt, sodass er sich die Sympathie der Bevölkerung erwarb. Es waren keine leichten, sorglosen Jahre in Mailand, da die Auseinandersetzungen zwischen Arianern und Katholiken noch sehr heftig waren.

Das zeigte sich besonders nach dem Tod des arianischen Bischofs Auxentius: Als höchster politischer Beamter war Ambrosius verantwortlich für Ordnung und Frieden in der Stadt. Er griff in die Wahl ein und ermahnte zu Eintracht und Frieden. Da hörte man mitten im Lärm die Stimme eines Kindes rufen: «Ambrosius soll Bischof sein!»

Dieser Ruf wiederholte sich mehrmals und auf einmal waren sich alle einig, Ambrosius soll Bischof werden. Seine Überraschung war ganz groß. Plötzlich sollte er, der höchste politische Beamte, Bischof werden, er, der noch gar nicht getauft, sondern nur Katechumene war. Er wehrte sich dagegen wegen seiner fehlenden theologischen Bildung und wegen des Canon II. des Konzils von Nizäa, der verbot, einen Neugetauften zum Bischof zu wählen. Aber die Stimmung für Ambrosius war derart einmütig, dass man darin ein Zeichen von oben sah. Darum stimmten schließlich die Bischöfe der ganzen Region und Kaiser Valentinian der Wahl des Ambrosius zu.

Er empfing vom Priester Simplicianus die heilige Taufe am 30. November 374 und wurde am 7. Dezember 374 dann zum Bischof geweiht. Ambrosius bemühte sich, seinen Mangel an theologischem Wissen durch eifriges Studium der Heiligen Schrift und der Werke der griechischen Kirchenväter zu beheben. Der gewissenhafte Staatsbeamte wurde überzeugter Mann der Kirche, der Jurist wurde zum Theologen, der nüchterne Verwaltungsfachmann zum Hymnendichter und Komponisten.

Der Lateiner wurde der große Vermittler griechischen, theologischen Gedankengutes an die lateinische Kirche des Abendlandes. In den dreiundzwanzig Jahren seines bischöflichen Wirkens wurde er selbst zum ersten Kirchenvater des Abendlandes. Er blieb auch als Bischof

Der heilige Ambrosius, Erzbischof von Mailand und Kirchenlehrer. Stich aus dem 18. Jahrhundert

ein wortgewaltiger, charismatischer Prediger und Rhetoriker, der aus der Heiligen Schrift immer wieder zu schöpfen verstand.

Er kämpfte gegen diktatorische Auswüchse der Staatsmacht und solidarisierte sich mit den Notleidenden und Armen, denen er seine ererbten Besitzungen vermacht hat. Er wurde ihnen ein hilfreicher Vater in den alltäglichen Sorgen und Nöten.

Im Februar 397 begab sich Ambrosius nach Pavia zur Wahl eines neuen Bischofs. Von dort kehrte er krank nach Mailand zurück und starb am Karsamstag (4. April 397) nach Empfang der Heiligen Wegzehrung. In der nach ihm benannten Basilika Ambrosiana wurde er neben den Leibern der hl. Märtyrer Gervasius und Protasius beigesetzt. Papst Bonifaz VIII. hat am 20. September 1295 Ambrosius zum Kirchenlehrer ernannt.

Aus seinem Werk

Aus einem Brief des hl. Ambrosius über die Aufgabe des Bischofs:

«Du hast die Aufgabe des Bischofs übernommen, hast deinen Platz auf dem Heck der Kirche und steuerst das Schiff gegen den Strom. Halte das Steuerruder des Glaubens fest, damit dich die Sturmböen dieser Welt nicht aus dem Kurs bringen. Das Meer ist groß und weit. Aber fürchte dich nicht, denn Gott hat die Kirche ‹auf Meere gegründet, sie über Strömen befestigt.›

Nicht von ungefähr bleibt die Kirche des Herrn unbewegt mitten in all den Fluten der Welt, wie ein Bau errichtet auf dem Felsen der Apostel, und hält gegen das ungestüme Wüten des Meeres unerschütterlich auf ihrem Fundament aus. Sie wird vom Wasser umspült, aber nicht ins Wanken gebracht. Wenn auch die Elemente dieser Welt oft mit gewaltigem Getöse anbranden, so vermag sie doch als sicherer Hafen des Heiles die Seeleute, die in Seenot geraten, aufzunehmen.

Aber sie befindet sich nicht nur inmitten von Meeresfluten, sondern wird auch von Strömen getragen, jenen Strömen zumal, von denen geschrieben steht : ‹Fluten erheben ihre Stimme.› Denn es gibt Ströme, die aus dem Innern derer kommen, die den Trank Christi erhalten und von seinem Geist empfangen haben. Sie sind es, die ihre Stimme erheben, wenn sie überströmen in der Gnade des Geistes. Aber es gibt auch einen Strom, der auf die Heiligen Gottes niederbricht wie ein Sturzbach. Es gibt auch den Andrang eines Flusses, dessen Arme eine friedliebende, stille Seele erquicken. Ein jeder, der aus der Fülle dieses Stromes empfängt, wie der Evangelist Johannes oder wie Petrus und Paulus, erhebt seine Stimme. Wie die Apostel als Prediger der Frohen Botschaft ihre Stimme in klangvollen Heroldsrufen hinaus bis an die Grenzen des Erdkreises dringen ließen, so beginnt auch er, das Evangelium vom Herrn Jesus zu verkünden.

Lass dir also von Christus die Gnade verleihen, dass auch deine Stimme hinausdringt. Sammle das Wasser Christi, jenes, das den Herrn lobt. Sammle das Wasser von den vielen Stellen, wo die Wolke der Propheten es ausgegossen hat. Ein jeder, der auf den Bergen Wasser sammelt, zu sich hinleitet oder aus den Quellen schöpft, der ist selbst wie eine Wolke, die herabtaut. Fülle also die Tiefe deines Herzens, damit dein Erdreich feucht wird, getränkt von den Quellen deines eigenen Innern.

Wer viel liest und versteht, dessen Herz wird reich. Wer reich ist, der beschenkt wieder andere; deswegen sagt die Schrift: ‹Wenn die Wolken sich mit Regen füllen, schütten sie ihn über das Land aus›» *(Aus: Lektionar für die Feier des Stundengebetes I/1, S. 208f.).*

Gedenktag des hl. Ambrosius: 7. Dezember

Die Kirche betet:

Gott, du hast uns im hl. Bischof Ambrosius einen hervorragenden Lehrer des katholischen Glaubens und ein Beispiel apostolischen Freimutes gegeben. Höre auf seine Fürsprache und berufe in deine Kirche Bischöfe, die deinem Willen gehorsam sind und dein Volk mit Kraft und Weisheit leiten. Darum bitten wir durch Jesus Christus, unseren Herrn, der in der Einheit des Heiligen Geistes mit dir lebt und herrscht in alle Ewigkeit. Amen.

Johannes Chrysostomus, Patriarch von Konstantinopel. Mosaik im Chor der Kathedrale von Cefalu, 1148 (W. Schamoni, Das wahre Gesicht der Heiligen, Christiana)

Johannes Chrysostomus

Mönch, Priester, Bischof († 407)

Der hl. Johannes Chrysostomus wurde um 349/350 in Antiochien geboren und stammte aus einer vornehmen Familie: Sein Vater war hoher Offizier, starb aber sehr früh. Seine Mutter Anthusa wurde schon mit zwanzig Jahren Witwe. Sie erzog ihren Sohn Johannes religiös und charakterlich sehr gut. Seine Lehrer waren dann der Philosoph Andragathius und der heidnische Rhetor Libanius. Erst spät, mit 18 Jahren, wurde Johannes 372 getauft. Er führte dann wie ein Mönch ein strenges Leben. In dieser Zeit wurde er in der theologischen Schule des Bischofs Meletius und des Diodorus von Tarsus ausgebildet.

Johannes empfing 381 die Diakonatsweihe und 386 die Priesterweihe. Er wirkte dann zwölf Jahre lang als Prediger an der Hauptkirche von Antiochien und erwarb sich dabei einen großen Namen, so dass er später den Beinamen Chrysostomus = Goldmund bekam.

Als 397 der Patriarch Nektarius von Konstantinopel gestorben war, wollte man den berühmten Prediger Johannes zum Nachfolger des Patriarchen wählen. Er sträubte sich dagegen, musste aber schließlich, weil es auch der Wille des Kaisers war, einwilligen. Die Bischofsweihe wurde ihm durch Bischof Theophilus von Alexandrien am 26. März 398 gespendet.

Als Bischof lebte Johannes Chrysostomus äußerst einfach und anspruchslos. In der Sorge für kranke Menschen verwendete er seine großen bischöflichen Einkünfte für den Bau von Krankenhäusern. In seiner selbstlosen sozialen Gesinnung gebrauchte er diese Gelder unter anderem auch zur Unterstützung entwurzelter gotischer Gastarbeiter. Er war sehr bedacht auf Abschaffung von Missständen in der Kirche, im Klerus, und wandte sich gegen Luxus und Habsucht am Kaiserhof, der vor allem von Kaiserin Eudokia beherrscht war. Diese Kaiserin und der Bischof Theophilus von Alexandrien wurden die Anführer aller Gegner des Patriarchen Johannes. Es kam auf der so genannten Eichensynode unter Leitung des macht-besessenen Bischofs Theophilus zur Absetzung und Verbannung des Patriarchen. Johannes Chrystostomus wurde zuerst nach Kukusus in Armenien gebracht, drei Jahre später nach Pityrus am östlichen Ufer des Schwarzen Meeres. Auf dem Transport dorthin starb Johannes Chrysostomus in Komana/Portus am 14. September 407 mit den Worten: «Ehre sei Gott für alles!».

Dieser heilige Patriarch hat den Beinamen Chrysostomus (Goldmund) wahrhaftig verdient, nicht bloß für seine charismatische Beredsamkeit, seinen staunenswerten Fleiß, sondern auch für seine heldenhafte Leidensbereitschaft. Pius V. ernannte ihn 1567 zum Kirchenlehrer, Pius X. gab ihn 1908 den Predigern zum Patron.

Aus seinem Werk

Erklärung des hl. Johannes Chrysostomus zum Matthäusevangelium:

«Nicht nur einmal sagte der Herr: ‹Ich hebe das Gesetz nicht auf.› Er nahm den Gedanken ein zweites Mal auf und fügte etwas Gewichtiges hinzu: ‹Denkt nicht, ich sei gekommen, um das Gesetz und die Propheten aufzuheben, ich bin nicht gekommen, um aufzuheben, sondern um zu erfüllen.› Damit wollte er nicht nur der Unduldsamkeit der Juden wehren, sondern auch den Irrlehrern den Mund verschließen, die behaupten, das Alte Testament stamme vom Teufel. Wäre dem so, wie hätte er das Alte Testament nicht nur bestehen lassen, sondern sogar erfüllen können, da er doch gekommen war, die Gewaltherrschaft des Teufels zu beseitigen? Er sagt ja nicht nur: ‹Ich hebe nicht auf›, obwohl das genügt hätte, sondern auch: ‹Ich erfülle es.› So kann keiner sprechen, der das Gesetz nur duldet, sondern nur einer, der es bejaht. Einmal tat er es dadurch, dass er keines der Gesetze übertrat. Wenn du erfahren willst, dass er es ganz erfüllt hat, so höre, was er zu Johannes sagt: ‹Wir müssen die ganze Gerechtigkeit erfüllen.›

Zu den Juden sagte er: ‹Wer von euch kann mir eine Sünde nachweisen?› Zu den Jüngern sprach er: ‹Es kommt der Herrscher der Welt; über mich hat er keine Macht.› Schon der Prophet hat vor langer Zeit gesagt, dass er (der Gottesknecht) kein Unrecht tut.

Das ist die eine Weise, wie er das Gesetz erfüllte. Die zweite besteht darin, dass er es nicht nur selbst erfüllte, sondern auch uns die Gnade dazu gab. Das zeigte Paulus, als er schrieb: ‹Christus ist das Ende des Gesetzes, und jeder, der an ihn glaubt, wird gerecht.› Und er sagt, der Herr habe an seinem Fleisch die Sünde verurteilt, damit die Forderung des Gesetzes durch uns erfüllt werde, die wir nicht nach dem Fleisch leben.

Wieder ein andermal schreibt er: ‹Setzen wir nun durch den Glauben das Gesetz außer Kraft? Im Gegenteil, wir richten das Gesetz auf.›

Weil das Gesetz den Menschen gerecht machen wollte, aber zu schwach war, kam Christus und führte die neue Art der Rechtfertigung durch den Glauben ein. Er bekräftigte die Absicht des Gesetzes, und was es durch seinen Buchstaben nicht vermochte, das bewirkte er durch den Glauben. Darum sagte er: ‹Ich bin nicht gekommen, das Gesetz aufzuheben›» *(Aus: Lektionar für die Feier des Stundengebetes für Samstag nach Aschermittwoch, S. 22f.).*

Aus einer Homilie des Johannes Chrysostomus zum Karfreitag:

«Hast du den staunenswerten Sieg gesehen? Hast du die herrlichen Tage des Kreuzes gesehen ? Soll ich dir sagen, was noch wunderbarer ist? Achte auf die Art und Weise, wie der Sieg errungen wurde, und du wirst noch mehr staunen. Das nämlich, wodurch der Teufel einst gesiegt hat, dadurch hat Christus über ihn gesiegt. Mit den eigenen Waffen hat er ihn geschlagen. Höre, wie das geschah:

Eine Jungfrau, ein Holz und der Tod, das waren Symbole der Niederlage. Die Jungfrau war Eva, denn noch hatte sie keinen Mann erkannt; das Holz war ein Baum; der Tod war die Strafe, die über Adam verhängt war. Doch siehe, die Jungfrau, das Holz und der Tod, diese Symbole der Niederlage, sind zu Zeichen des Sieges geworden. An die Stelle Evas trat Maria; an die Stelle des Holzes der Erkenntnis von Gut und Böse trat das Holz des Kreuzes; an die Stelle des Todes Adams ist Christi Tod getreten. Siehst du, dass der Teufel mit den gleichen Waffen besiegt wurde, mit denen er gesiegt hatte? Unter dem Baum hat der Teufel den Adam zu Fall gebracht; am Kreuz hat Christus den Teufel bezwungen. Jenes Holz schickte zur Unterwelt, dieses aber führte sogar die aus der Unterwelt zurück, die dorthin bereits hinabgestiegen waren. Der eine Baum versteckte den gefallenen Menschen, der sich seiner Nacktheit schämte, der andere Baum hat vor aller Augen einen nackten Menschen als Sieger erhöht. Jener Tod verdammte alle, die nach ihm geboren wurden, dieser aber erweckt von den Toten, sogar jene, die vor ihm geboren waren. ‹Wer wird die Großtaten des Herrn verkünden?› Sein Sterben hat uns unsterblich gemacht: Das sind die wunderbaren Werke des Kreuzes. Begreifst du diesen Sieg? Begreifst du, wie er zustande kam? Höre nun, wie dieser Sieg ohne unsere

Mühen und unseren Schweiß errungen wurde. Wir haben keine Waffen mit Blut gerötet, wir haben in keiner Schlachtreihe gestanden; uns wurden keine Wunden geschlagen, wir haben keinen Krieg gesehen und doch den Sieg davongetragen. Des Herrn war der Kampf, unser ist die Krone. Da dieser Sieg auch unser Sieg ist; so lasst uns, den Kriegern gleich, heute mit freudiger Stimme Siegeslieder singen; lasst uns den Herrn preisen, indem wir rufen: ‹Verschlungen ist der Tod im Sieg. Tod, wo ist dein Sieg? Tod, wo ist dein Stachel?›

Das sind die herrlichen Werke, die das Kreuz vollbracht hat zu unserem Heil; das Kreuz ist Siegeszeichen, aufgerichtet gegen die Dämonen; es ist das gegen die Sünde gezückte Schwert, mit dem Christus die Schlange durchbohrt hat, das Kreuz ist der Wille des Vaters, der Ruhm des Eingeborenen, die Freude des Heiligen Geistes, die Zierde der Engel, die Sicherheit der Kirche, der Stolz des Paulus, das Bollwerk der Heiligen, ein Licht für die ganze Welt» *(Aus: Die Feier des Stundengebetes. Stundenbuch 2001, S. 1057f.).*

Gedenktag des hl. Johannes Chrysostomus:
13. September

Die Kirche betet:

Gott, du Stärke aller, die auf dich vertrauen. Du hast dem heiligen Johannes Chrysostomus die Gabe der Rede geschenkt und ihm in den Bedrängnissen seines Lebens geholfen. Belehre uns durch sein Wort und ermutige uns durch sein Vorbild. Darum bitten wir durch Jesus Christus, unseren Herrn, der in der Einheit des Heiligen Geistes mit dir lebt und herrscht in alle Ewigkeit. Amen.

Hieronymus Sophronius Eusebius

Bibelgelehrter, Priester († 420)

Hieronymus wurde zwischen 340-345 im dalmatinischen Stridon, einem Ort zwischen Aquileia (Provinz Udine, Italien) und Laibach, als Sohn wohlhabender christlicher Eltern geboren. Er wurde erst in Rom getauft, als er sich in den Jahren zwischen 358-364 dort aufhielt, um die Grammatik - und Rhetorikstudien abzuschließen. Er war Schüler des berühmten Grammatikers Aelius Donatus, von dem er sehr gründlich in das Latein der Klassiker, besonders des Vergil eingeführt wurde. Er stand auch, ohne dessen Schule anzugehören, unter dem Einfluss des Marius Victorinius, dessen Konversion zum Christentum damals in Rom als ein besonderes Ereignis im Kreis der Kulturschaffenden galt. Über das sittliche Leben des Hieronymus in Rom liegen gegensätzliche Aussagen vor: Auf der einen Seite stehen seine häufigen Besuche in den Katakomben aus Bewunderung für die Märtyrer, auf der anderen Seite steht sein Verkehr mit leichtfertigen Menschen.

Gegen Ende seines Rom-Aufenthaltes empfing Hieronymus die Taufe. Er begab sich dann nach Gallien und kam nach Trier, wo er das Mönchsleben kennen und schätzen lernte. Dann ging er nach Aquileia, wo er sich 370 einer Gemeinschaft von Asketen, dem «Chor der Seligen» anschloss. Im Jahre 373 verließ Hieronymus wieder Aquileia und unternahm viele Pilgerfahrten in den Orient. Er lebte auch eine Zeitlang in größter Abgeschiedenheit in einer Mönchsgemeinschaft in Aleppo im heutigen Nordsyrien. Er hatte aber bald genug von der Zerstrittenheit dieser Mönche. Hieronymus hielt sich

S. HIERONIMUS.

*Der Bibelgelehrte Hieronymus hat in Trier
das Mönchsleben kennen gelernt.
Stich von Philipp David Danner, 18. Jh.*

dann, krank geworden, längere Zeit in Antiochien auf (380-381). Hier erlernte er sehr gut die griechische Sprache. Drei Jahre lang lebte Hieronymus in der östlich von Antiochien gelegenenen Wüste Chalcis. Dort erlernte er die hebräische Sprache.

Vom Bischof Paulinus von Antiochien ließ er sich zum Priester weihen. Bald darauf nahm er in Konstantinopel längeren Aufenthalt. Hier hörte er die theologischen Vorträge von Gregor von Nazianz und begeisterte sich für die Schriftexegese des Origenes. Freundschaftliche Beziehungen verbanden ihn damals auch mit Gregor von Nyssa. 382 kam Hieronymus wieder nach Rom; hier wurde er Freund und Sekretär des greisen Papstes Damasus, der ihn mit der Revision lateinischer Bibeltexte beauftragte. Es entstand die sogenannte Vulgata. Die Heilige Schrift war fortan der Text, der den Hieronymus nicht mehr losließ und ihn zum Verfassen einer Reihe von bibelwissenschaftlichen Werken antrieb. In diesen römischen Jahren (382-385) wurde Hieronymus der Seelenführer verschiedener adeliger Damen, u.a. der Witwen Marcella und Paula und deren Tochter Eustochium.

Nach dem Tod seines päpstlichen Freundes Damasus (384) wurde Hieronymus, der offene Kritik an den Verhältnissen in Rom geübt hatte, angefeindet und verleumdet. Darum verließ er Rom und begab sich in den Nahen Orient, nach Alexandrien, wo er Didymus den Blinden kennen lernte. Schließlich ließ er sich für immer in Bethlehem nieder, wo er mit dem Vermögen der adeligen Dame Paula drei Frauen- und ein Männerkloster gründete und leitete.

In den fünfunddreißig Jahren, die Hieronymus nun bis zu seinem Tod in Betlehem lebte, wurde er zu einem überaus fruchtbaren Schriftsteller, vor allem auf bibelwissenschaftlichem Gebiet. Erschöpft, fast blind und einsam lebte er die letzten Tage seines bewegten Lebens, da noch plündernde Sarazenenhorden sein Kloster in Betlehem bedrohten und vom geliebten Rom traurig stimmende Nachrichten über den Einfall der Barbaren zu ihm drangen.

Bis zu seinem Lebensende am 30. September 419 (oder 420) quälte er sich selbst mit krankhafter Erregbarkeit und ungewöhnlich gesteigerter Empfindlichkeit, so dass man wohl mit Recht geschrieben hat: «Einen Seligsprechungsprozess hätte Hieronymus wegen seiner Reizbarkeit nicht überstanden.» Aber wie wunderbar ist das Urteil der Kirche: Sie nennt Hieronymus einen heiligen Kirchenvater und Kirchenlehrer, weil er eine glühende Liebe zu Christus, zur Wahrheit und zum göttlichen Wort in der Heiligen Schrift hatte.

Aus seinem Werk

Jeremias-Erklärung des hl. Hieronymus:

«‹Seht, es kommen Tage – Spruch des Herrn –, in denen ich mit dem Haus Israel und dem Haus Juda einen neuen Bund schließe, nicht wie der Bund war, den ich mit ihren Vätern geschlossen habe, als ich sie bei der Hand nahm, um sie aus Ägypten herauszuführen ...

Das wird der Bund sein, den ich nach diesen Tagen mit dem Haus Israel schließen werde – Spruch des Herrn: Ich lege mein Gesetz in sie hinein und schreibe es auf ihr Herz. Ich verzeihe ihnen die Schuld, an ihre Sünden denke ich nicht mehr› (Jer 31,33-34).

Dieses Zeugnis benutzt der Apostel Paulus – oder wer sonst diesen Brief an die Hebräer geschrieben hat –, und nach ihm sagen alle Männer der Kirche, dass beim ersten Kommen des Erlösers alles erfüllt wurde, dass der Neue Bund, das Evangelium, auf den Alten Bund gefolgt ist, dass das Gesetz des Buchstabens durch das des Geistes verwandelt wurde (2 Kor 3,6) und auch alle Opfer, die Beschneidung und der Sabbat im Geist erfüllt wurden ... Als Israel aus dem Land Ägypten geführt wurde, bestand zwischen dem Volk und Gott eine große Vertrautheit: Er sagt, er habe sie an die Hand genommen und ihnen einen Bund gewährt. Aber sie haben den Bund gebrochen. Deswegen zog sich Gott von ihnen zurück.

Gott verspricht im Evangelium, nach Kreuz, Auferstehung und Himmelfahrt einen neuen Bund zu gewähren, ‹nicht auf Tafeln aus Stein, sondern – wie auf Tafeln – in Herzen von Fleisch› (2 Kor 3,3). Denn der Bund des Herrn wurde in den Geist der Glaubenden eingeschrieben, der Bund, nach dem er ihnen Gott sein will und sie ihm Volk sein sollen.

Sie sollen sich fortan keine jüdischen Lehrer, keine Überlieferungen und Gebote von Menschen mehr suchen. Vielmehr sollen sie Schüler des Heiligen Geistes sein, wenn sie hören: ‹Ihr seid Gottes Tempel, und der Geist Gottes wohnt in euch› (1 Kor 3,16) und ‹Der Geist weht, wo er will› (Joh 3,8). Er hat verschiedene Gaben, und die Erkenntnis des einen Gottes bedeutet den Besitz aller Tugenden» *(Aus: Lektionar für die Feier des Stundengebetes, für die Fastenzeit, S. 169f.).*

Gedenktag des hl. Hieronymus: 30. September

Die Kirche betet:

Allmächtiger Gott, du hast den heiligen Hieronymus mit leidenschaftlicher Liebe zur Heiligen Schrift erfüllt. Öffne auch unser Herz für dein Wort, damit wir darin die Quelle des Lebens finden. Darum bitten wir durch Jesus Christus, unseren Herrn, der in der Einheit des Heiligen Geistes mit dir lebt und herrscht in alle Ewigkeit. Amen.

Aurelius Augustinus

Lehrer, Rhetorikprofessor, Bischof († 430)

Geboren wurde Augustinus am 13. November 354 in Tagaste (Numidien, Nordafrika). Sein Vater Patricius war ein städtischer Beamter, der erst kurz vor seinem Tod 371 getauft wurde. Die Mutter von Augustinus war die hl. Monika, eine tiefgläubige, fromme Christin und Ehefrau, die drei Kindern das Leben geschenkt hat: Augustinus, Navigius und eine Tochter, deren Namen nicht bekannt ist. Als Witwe weihte sie sich Gott und leitete bis zu ihrem Tod ein «Monasterium feminarum» in Hippo. Der Studiengang des Augustinus gestaltet sich schwierig: Der nur als Katechumene angemeldete junge Mann erhielt die notwendige Ausbildung für einen künftigen Beamten, zuerst in Tagaste, dann weiter in Madaura und in Karthago. Dort geriet der Student auf weltanschauliche und sittliche Irrwege. Bis 384 hatte er ein Liebesverhältnis, aus dem der von ihm «Adeodatus» genannte, 390 verstorbene Sohn hervorging. Weltanschaulich schloss sich der Student dem Manichäismus an. Nach abgeschlossenem Studium kehrte Augustinus als Lehrer nach Tagaste zurück.

Der vom Glauben der frommen Mutter «Abgefallene» und zu einer Sekte Übergetretene verlegte 375 seine Lehrtätigkeit von Tagaste nach Karthago, wo er bis 383 blieb. Anfang 384 erhielt Augustinus durch Vermittlung des heidnischen Stadtpräfekten Symmachus die Stelle eines Rhetorikprofessors in Mailand. Hier wurde er in seiner manichäischen Einstellung mehr und mehr verunsichert, die Paulusbriefe und die Predigten des Mailänder Bischofs Ambrosius, die Gespräche mit dem gebildeten

Priester Simplicianus halfen ihm weiter auf dem begonnenen Weg zur Konversion, die schließlich besiegelt wurde durch die hl. Taufe, die ihm, seinem Sohn Adeodatus und seinem Freund Alypius der hl. Ambrosius in der Osternacht (24./25. April 387) spendete.

Einige Monate nach Empfang der Taufe gab Augustinus seine Lehrtätigkeit in Mailand auf, um in seine nordafrikanische Heimat zurückzukehren. Unterwegs starb in Ostia bei Rom seine Mutter, die um die Bekehrung ihres Sohnes soviel gebetet und geweint hatte, dass ihr der von ihr aufgesuchte Bischof Trost spendete mit den Worten: «Ein Kind so vieler Tränen kann nicht verloren gehen!» Im Herbst 388 traf Augustinus wieder in seinem Geburtsort Tagaste ein. Hier lebte er fast drei Jahre lang mit einigen Freunden in klösterlicher Abgeschiedenheit, er wurde aber in seiner Gelehrtheit und Frömmigkeit weitherum bekannt. Eines Tages nahm Augustinus in Hippo Regius (zwei Kilometer südlich vom heutigen Bone in Algerien) am Gottesdienst, den der alte Bischof Valerius feierte, teil. Da forderte dieser die versammelten Gläubigen auf, einen Priester zu bezeichnen, der ihn vor allem im Predigtamt ersetzen könnte.

Da wurde einhellig der Ruf laut: ‹Augustinus soll Priester werden› Der Genannte protestierte, sträubte sich und weinte, es half nichts. Die Priesterweihe wurde beschlossen und 391 vorgenommen. 394 wurde Augustinus Bischofkoadjutor und 395 – nach dem Tod des Bischofs Valerius – Diözesanbischof von Hippo Regius, der damals zweitbedeutendsten Stadt Afrikas. Hier wurde Augustinus der große, wortgewaltige Prediger und der ungemein fruchtbare theologische Schriftsteller. Augustinus starb am 28. August 430 in Hippo, während die Stadt von den Vandalen belagert wurde. Er stand im sechsundsiebzigsten Lebensjahr und im vierunddreißigsten Jahr seiner bischöflichen Tätigkeit. Am 20. September 1294 wurde

Augustinus zusammen mit Ambrosius, Hieronymus und Gregor dem Großen zum Kirchenlehrer ernannt. Über die Bedeutung des hl. Augustinus sei die folgende Schilderung angefügt: «Der große Bischof von Hippo vereinigte in sich die schöpferische Kraft Tertullians und die Geistesweite des Origenes mit dem kirchlichen Sinn Cyprians, die dialektische Schärfe des Aristoteles mit dem idealistischen Schwung und der tiefen Spekulation Platons, den praktischen Sinn des Lateiners mit der geistigen Beweglichkeit des Griechen. Augustinus ist der größte Philosoph der Väterzeit und wohl der bedeutendste und einflussreichste Theologe der Kirche überhaupt, dessen überragende Leistungen schon zu seinen Lebzeiten nicht wenige rückhaltlose Bewunderer fanden» (B. Altaner).

Aus seinem Werk

Das erste Kapitel des «Gottesstaates» vom hl. Augustinus: «Sinn der Schöpfung: Gott wirkt alles:
Wir verehren den Gott, der den von ihm erschaffenen Wesen Anfang und Ziel des Daseins und der Bewegung gesetzt hat; der die Ursachen der Dinge in seiner Hand hat, kennt und ordnet, der in die Samen Kraft gelegt hat; der nach seinem Ermessen einigen ausgewählten Lebewesen eine vernünftige Seele, Geist genannt, verlieh; der das Vermögen und den Gebrauch der Sprache schenkte; der nach seinem Gefallen Geister mit der Gabe, Künftiges vorauszusagen, ausrüstete, selbst Künftiges voraussagte, durch wen es ihm gefiel, und Krankheiten heilte, durch wen es ihm gefiel, der auch den Kriegen Anfang, Fortgang und Ende setzt, wenn durch sie das Menschengeschlecht zurechtgebracht und gezüchtigt werden soll; der das wilde und gefährliche Weltfeuer geschaffen hat und lenkt, wie es dem Haushalt der unermesslichen Natur dienlich ist; der der Schöpfer und Leiter aller Gewäs-

ser ist; der die Sonne schuf, das hellste der körperlichen Lichter, und ihr Kraft und Bewegung gab, die ihr zukommt; der selbst den Abgeschiedenen seine Herrschaft und Macht nicht entzieht; der Samen und Nährstoffe für die Sterblichen, feste sowohl wie flüssige, den dafür tauglichen Geschöpfen als ihre Gaben zugeteilt hat; der die Erde gründet und fruchtbar macht; der mit ihren Früchten Tiere und Menschen beschenkt; der nicht bloß die grundlegenden, sondern auch die nachfolgenden Ursachen kennt und ordnet; der dem Mond seine Weise verleiht; der für Ortsveränderungen himmlische und irdische Wege gibt; der dem menschlichen Geiste, den er schuf, das Erlernen von mancherlei Künsten zur Förderung seines Lebens und Wesens gewährte; der die Verbindung von Mann und Weib, um Nachkommenschaft zu erzeugen, stiftete; der der Hausgemeinschaft der Menschen zu bequemem Gebrauch für Herd und Licht die Gabe des irdischen Feuers zuwandte ...

Das alles schafft und wirkt der eine wahre Gott, so wie es Gottes Weise ist, der überall ganz, von keinem Raum umfasst, von keiner Fessel gebunden, in keine Teile zerspalten, in keiner Hinsicht veränderlich ist, der Himmel und Erde mit allgegenwärtiger Macht erfüllt, ohne dass sein Wesen irgendwie bedürftig wäre.

Alles aber, das er schuf, regiert er so, dass er es eigene Bewegungen ausführen und verrichten lässt. Denn obwohl nichts ohne ihn sein kann, ist doch auch nichts, was er ist. Vieles auch wirkt er durch Engel, doch beseligt er sie nur durch sich selbst. Und ebenso, obschon er aus allerlei Anlass Engel den Menschen sendet, beseligt er doch auch die Menschen nicht durch Engel, sondern wie die Engel durch sich selbst. Von diesem einen und wahren Gott erhoffen wir das ewige Leben»

(Augustinus: Der Gottesstaat, hrsg. von Hans Urs von Balthasar, 3. Aufl., Einsiedeln 1996, S. 44f.).

Aus den «Bekenntnissen» des heiligen Augustinus:
«Ich setze meine ganze Hoffnung auf dein großes Erbarmen. Wo fand ich dich, wo lernte ich dich kennen? Ehe ich dich kennenlernte, warst du noch nicht in meinem Gedächtnis. Wo war es also, das ich dich fand und kennenlernte? Nur in dir und über mir! Nirgendwo ist ein Ort, wir entfernen uns, wir nahen uns, und doch: kein Ort! An allen Orten steht dein Thron, du Wahrheit, für alle, die Rat bei dir suchen, und du antwortest ihnen allen zugleich, so verschieden auch der Rat sein mag, den sie bei dir suchen. Du antwortest klar, doch nicht alle hören dich klar. Alle befragen dich über das, was sie wollen, aber nicht immer hören sie, was sie sollen. Dein bester Diener ist, der nicht so sehr darauf aus ist, von dir zu hören, was er selbst zu hören wünscht, als vielmehr das zu wollen, was er von dir hört.

Spät habe ich dich geliebt, du Schönheit, so alt und so neu; spät habe ich dich geliebt! Du warst in meinem Innern, aber ich war draußen und suchte dich dort, und ich, der Hässliche, stürzte mich auf das Schöne, das du geschaffen hast. Du warst bei mir, aber ich war nicht bei dir. Was mich von dir fernhielt, waren die Dinge, die kein Dasein hätten, besäßen sie es nicht in dir. Du riefst, du schriest und durchbrachst meine Taubheit. Du strahltest auf, machtest hell und vertriebst meine Blindheit. Wohlgeruch ging von dir aus, ich zog den Atem ein, und ich lechze nach dir. Ich kostete und habe Hunger und Durst. Du rührtest mich an, und ich entbrannte in Sehnsucht nach deinem Frieden» *(Lektionar Stundengebet II/6).*

Der Gedenktag des hl. Augustinus: 28. August

Die Kirche betet:

Allmächtiger Gott, wir rufen dich an: Erwecke in deiner Kirche aufs Neue den Geist, mit dem du den heiligen Bischof Augustinus erfüllt hast. Gib auch uns die Sehnsucht nach dir, dem Quell der wahren Weisheit und dem Ursprung der Liebe. Darum bitten wir durch Jesus Christus, unseren Herrn, der in der Einheit des Heiligen Geistes mit dir lebt und herrscht in alle Ewigkeit. Amen.

Augustinus, Altarbild von Willy Jakob 1950,
Augustinerkloster Münnerstadt

Cyrill von Alexandrien

Priester, Bischof († 430)

Er wurde um 370 in Alexandrien geboren; er war der Neffe des Bischofs Theophilus von Alexandrien und dessen Schüler. Er übertraf seinen Onkel an polemischer Heftigkeit und Rücksichtslosigkeit so sehr, dass man behauptete, er hätte wie jener vor einem modernen Heiligsprechungsprozess nicht oder kaum bestehen können. Cyrill begleitete 403 seinen Onkel Bischof Theophilus zur so genannten «Eichensynode» und wirkte auf dieser mit bei der dort beschlossenen Absetzung und Verbannung des hl. Johannes Chrysostomus, des Bischofs von Konstantinopel.

Als Cyrill seinem Onkel Theophilus 412 auf dem Bischofssitz von Alexandrien nachfolgte, erwies er sich gegen Widersacher, gegen den Statthalter Orestes, gegen die Sekte der Novatianer, gegen die Juden von Alexandrien und vor allem gegen Nestorius und seinen Anhang als gewalttätiger und rücksichtsloser Verteidiger der Wahrheit. Im Kampf gegen die Häresie des halsstarrigen Patriarchen Nestorius von Konstantinopel ließ Cyrill von Alexandrien es vor und auf dem Konzil von Ephesus (431) an der notwendigen Vorsicht und an rücksichtsvollem psychologischem Feingefühl dem bischöflichen Mitbruder gegenüber fehlen. Aus Dankbarkeit für seinen mutigen Einsatz für die wichtigsten Wahrheiten der Christologie und der Mariologie verehrt ihn aber die Kirche des Ostens wie des Westens sehr früh schon als Kirchenvater.

Cyrill von Alexandrien starb am 27. Juni 444 in Alexandrien. Papst Leo XIII. hat ihn am 28. Juli 1882 zum Kirchenlehrer ernannt.

Aus seinem Werk

Aus einer Auslegung Cyrills von Alexandrien zum Johannesevangelium:

«Der Schöpfer des Alls plante, in Christus alles zu vereinen (Eph 1,10) und in herrlicher Ordnung zu erneuern und so die Natur des Menschen in ihrem ursprünglichen Zustand wiederherzustellen. So versprach er, neben seinen übrigen Gaben auch wieder in Fülle den Heiligen Geist zu spenden, da der Mensch sonst nicht in einen unbestrittenen und dauerhaften Besitz der Gnadengaben gelangen kann.

Daher setzte Gott die Zeit fest, in der der Heilige Geist auf uns herabkommen sollte, nämlich die Zeit der Ankunft Christi, und er versprach: ‹In jenen Tagen – das heißt: in den Tagen unseres Erlösers – werde ich meinen Geist ausgießen über alles Fleisch› (Joel 2,28).

Es kam die Zeit überreicher Gnade, die den Eingeborenen, der Mensch geworden war, auf die Erde brachte, ihn, den nach der Heiligen Schrift von der Frau geborenen Menschen (Gal 4,4). Da sandte Gott der Vater den Heiligen Geist, und zuerst empfing ihn Christus als Erstling des erneuerten Menschengeschlechtes. Das bezeugt Johannes der Täufer : ‹Ich sah, dass der Geist vom Himmel herabkam und auf ihm blieb› (Joh 1,32).

Von Christus sagt man, er habe den Heiligen Geist als Mensch empfangen, so wie ein Mensch ihn empfangen kann. Er war zwar schon vor der Menschwerdung der aus dem Wesen Gottes des Vaters geborene Sohn, ja er war es schon vor aller Zeit. Dennoch weigert er sich nicht, nach der Menschwerdung den Ruf Gottes des Vaters zu hören: ‹Mein Sohn bist du. Heute habe ich dich gezeugt› (Ps 2,7).

Gott der Vater sagt von Christus, der vor allen Zeiten Gott war, von ihm gezeugt, heute habe er ihn gezeugt, weil er uns in ihm als Kinder hat annehmen wollen. Denn die gesamte Natur findet sich in Christus, insofern er Mensch ist. Es heißt vom Vater, der Geist sei der seinige, er gebe ihn aber an den Sohn weiter, damit wir im Sohn den Geist erhalten. Darum also hat er die Natur der Nachkommen Abrahams angenommen, wie in der Schrift steht, und ist in allem den Brüdern gleich geworden (Hebr 2,16-17).

Der Eingeborene empfängt den Heiligen Geist nicht für sich selbst. Denn er gehört ihm, ist in ihm und wird durch ihn verliehen, wie wir schon gesagt haben.

Doch weil er Mensch wurde, hatte er in sich die ganze Natur, um sie ganz zu erneuern und ganz wiederherzustellen. Wenn wir das alles recht bedenken und uns an das Zeugnis der Heiligen Schrift halten, sehen wir, dass Christus den Geist nicht für sich empfangen hat, sondern in sich für uns; denn alles Gute kommt durch ihn zu uns» *(Aus: Lektionar für die Feier des Stundengebetes, für den 10. Januar, S. 177f.).*

Gedenktag des hl. Cyrill von Alexandrien: 27. Juni

Die Kirche betet:

Vater unseres Herrn Jesus Christus, durch deine Gnade ist der heilige Bischof Cyrill von Alexandrien unerschrocken eingetreten für den Glauben, dass Maria deinen ewigen Sohn geboren hat. Auch wir bekennen sie als wahre Gottesmutter und bitten dich: Rette uns durch die Menschwerdung deines Sohnes Jesus Christus, der in der Einheit des Heiligen Geistes mit dir lebt und herrscht in alle Ewigkeit. Amen.

Petrus Chrysologus

Bischof († 450)

Petrus Chrysologus wurde um 380 in Forum Cornelii bei Imola, Italien, geboren, von Bischof Comelius von Imola getauft und zum Diakon geweiht. Um 424-429 zum Bischof von Ravenna ernannt. Als Ravenna Residenzstadt des weströmischen Kaisers wurde, nahm Petrus den Titel Erzbischof an. Ravenna wuchs unter ihm zur einmalig großen und schönen Stadt heran. Er war als Metropolit in Ravenna Freund und Ratgeber der Kaiserin Galla Placidia. Bischöfe und Äbte wandten sich an ihn um Rat und Hilfe.

Erwähnenswert ist noch die Beziehung dieses ersten Erzbischofs von Ravenna zum heiligen Papst Leo dem Großen in der Auseinandersetzung mit dem Abt Eutyches wegen der Irrlehre des Monophysitismus. Der Beiname Chrysologus für diesen Kirchenlehrer kommt erst später auf als abendländisches Gegenstück zum morgenländischen Johannes Chrysostomus (Goldmund), so hat man den am 3. Dezember 450 in Forum Cornelii verstorbenen und in Imola beigesetzten Erzbischof Petrus Chrysologus (Goldredner) genannt. Zum Kirchenlehrer ernannte ihn Papst Benedikt XIII. im Jahr 1729.

Aus seinem Werk

Aus einer Predigt des Petrus Chrysologus über Gebet, Fasten und Werke der Barmherzigkeit:
«Drei Dinge sind es, die dem Glauben Festigkeit geben, durch welche die Frömmigkeit Bestand hat und die Tugend bleibt: Gebet, Fasten und Werke der Barmher-

zigkeit. Was das Gebet erbittet, das wird dem Fasten gewährt, und die Barmherzigkeit nimmt es in Empfang. Gebet, Barmherzigkeit und Fasten, die drei Dinge sind eins, und sie verleihen sich gegenseitig Leben.

Die Seele des Gebetes ist das Fasten, das Leben des Fastens ist die Barmherzigkeit. Niemand reiße die drei auseinander, sie vertragen keine Trennung. Wer nur eines von ihnen besitzt und nicht alle zugleich, der hat nichts. Wer also betet, der faste auch; wer fastet, übe auch Barmherzigkeit; wer selbst gehört werden will, der höre auf den Bittenden; wer sein Ohr dem Bittenden nicht verschließt, der findet Gehör bei Gott.

Wer fastet, soll verstehen, was fasten heißt: Damit sein Hunger von Gott bemerkt werde, bemerke auch er, wenn ein anderer hungert. Wer auf Erbarmen hofft, der erbarme sich (Mt 5,6). Wer Liebe sucht, der übe sie. Wer eine Gabe erlangen will, der gewähre sie selbst. Ein dreister Beter ist jeder, der dem andern versagt, was er selber verlangt.

O Mensch, wärst du doch von der Barmherzigkeit ganz geformt! So wie du es willst, so sei auch dein Erbarmen mit den andern; so groß sei es, wie du es dir selber wünschst; so schnell erbarme dich, wie du dir das Erbarmen herbeisehnst.

So seien Gebet, Fasten und tätige Barmherzigkeit ein einziger Schutz für uns bei Gott, eine einzige Anwaltschaft, ein einziges dreifaches Gebet für uns. Wir können Gott kein vorzüglicheres Opfer darbringen. Der Prophet verbürgt sich dafür, wenn er sagt: ‹Das Opfer, das Gott gefällt, ist ein zerknirschter Geist, ein zerbrochenes und zerschlagenes Herz wirst du, Gott, nicht verschmähen› (Ps 51,19).

Opfere Gott deine Seele, o Mensch, bringe das Opfer des Fastens dar! Es soll eine reine Gabe sein, ein heiliges Opfer, ein lebendiges Opfer, das du Gott gibst und das dir doch verbleibt. Wer Gott das nicht gibt, hat keine Ausrede. Damit aber das Opfer angenommen wird, muss die Barmherzigkeit dazukommen. Das Fasten ist wie das Ackerfeld, es ergrünt nicht, wenn es nicht von den Werken der Barmherzigkeit wie vom Regen getränkt wird. Wenn die Barmherzigkeit austrocknet, dann verdorrt auch das Fasten. Was der Regen für die Erde, das ist die Barmherzigkeit für das Fasten.

Mag der Fastende noch so sehr sein Herz üben, sein Fleisch kasteien, die Sünde ausrotten und die Tugend säen: lässt er die Barmherzigkeit nicht strömen, dann erntet er keine Frucht.

Wenn immer du fastest: wenn die Barmherzigkeit fastet, fastet dein Acker. Wenn immer du fastest: was du in Barmherzigkeit hergibst, das kommt in deine Scheune zurück. Sammle also, indem du ausgibst, damit du nicht durch Festhalten verlierst. O Mensch, gib dem Armen und damit dir selbst; denn was du nicht dem andern überlässt, das besitzest du nicht!» *(Aus: Lektionar für die Feier des Stundengebetes, für Dienstag, 3. Woche der Fastenzeit, S. 97-99).*

Gedenktag des hl. Petrus Chrysologus: 30. Juli

Die Kirche betet:

Erhabener Gott, du hast den Bischof Petrus Chrysologus zu einem begnadeten Verkünder deines ewigen Wortes gemacht, das unsere Menschennatur angenommen hat. Gewähre uns auf seine Fürsprache, dass wir die Geheimnisse der Erlösung allezeit im Herzen erwägen und in unseren Werken davon Zeugnis geben. Darum bitten wir durch Jesus Christus, unseren Herrn, der in der Einheit des Heiligen Geistes mit dir lebt und herrscht in alle Ewigkeit. Amen.

Leo der Große

Papst († 461)

Um 400 ist dieser Papst geboren. Das genaue Jahr seiner Geburt ist unbekannt. Leo stammt aus dem Gebiet der heutigen Toscana. Manche nennen Volterra als Geburtsort. Im «Liber Pontificalis» Buch 1, p. 238, heißt es: «Leo natione tuscus, ex patre Quintiano». Viele Historiker neuester Zeit behaupten, Leo nenne in seinen Briefen Rom als seine Heimat, und dies wohl nicht nur wegen seiner in Rom genossenen Ausbildung, sondern auch wegen seiner Herkunft aus dieser Stadt.

Unter Papst Coelestin I. wurde Leo zum Diakon geweiht und vom Papst mit wichtigen Aufgaben betraut. Leo weilte gerade dienstlich im Frankenreich, als Papst Sixtus III. am 19. August 440 starb. Leo wurde zum Nachfolger des Papstes erwählt und am 29. September 440 zum Bischof von Rom geweiht.

Als Papst leitete er in einer Zeit allgemeinen Zusammenbruchs voll Gottvertrauen und mit dem Weitblick einer überragenden Persönlichkeit mehr als zwanzig Jahre die Kirche. Er erwies sich in dieser Zeit als Hüter der Rechtgläubigkeit gegenüber den Irrlehren von damals (Monophysitismus, Priszilianismus, Pelagianismus, Manichäismus). Auf dem Konzil von Chalkedon 451 wurde Leos Einsatz für die Einheit der beiden Naturen, der göttlichen und menschlichen, in Christus voll anerkannt. Berühmt wurde der Ausspruch «Petrus per Leonem locutus est» (Petrus hat durch Leo gesprochen). Er tat es vor allem in seiner Epistola dogmatica an den Patriarchen Flavian von Konstantinopel vom 13. Juni 449. Von geschichtlicher Bedeutung war Leos Auftreten gegen den

Hunnenkönig Attila in Mantua 452: Der Eindruck, den die Erscheinung Leos auf Attila machte, bewirkte, dass sich der Hunnenkömg wieder über die Alpen zurückzog. Ebenso bedeutsam ist die Verhandlung Leos 455 mit dem Vandalenkönig Geiserich. Von diesem erreichte Leo wenigstens die Verschonung Roms vor totaler Zerstörung. Papst Leo hat nicht umsonst als erster der Päpste den Beinamen «der Große» erhalten, und zwar mit vollem Recht. Denn von ihm haben Kirche und Papsttum, Glaube und Theologie, Kultur und Weltpolitik bedeutende Anregungen empfangen (Th. Schnitzler). Leo der Große starb am 10. November 461 in Rom. Zum Kirchenlehrer wurde er von Papst Benedikt XIV. im Jahre 1754 mit der Bulle «Militantis Ecclesiae» ernannt.

Aus seinem Werk

Predigt über die Würde des Christen:

«Als unser Herr Jesus Christus als wahrer Mensch geboren wurde – ohne aufzuhören, wahrer Gott zu sein –, machte er sich zum Anfang einer neuen Schöpfung und gab dem Menschengeschlecht durch die Art und Weise seiner eigenen Menschwerdung einen geistlichen Ursprung. Welcher Verstand könnte dies Geheimnis begreifen, welche Zunge diese Gnade aussprechen? Das Böse wird rein, das Alte neu. Fremde werden als Kinder angenommen, und die Außenstehenden treten in die Erbschaft ein. Wach auf, o Mensch, und erkenne die Würde deiner Natur! Denke daran, dass du geschaffen bist nach dem Bilde Gottes, das zwar in Adam verderbt, aber in Christus wiederhergestellt wurde. Gebrauche die sichtbare Schöpfung, wie sie zu gebrauchen ist, wie du Erde und Meer, Himmel und Luft,

Begegnung von Papst Leo dem Großen mit dem Hunnenkönig Attila in Mantua. Allein mit Gottes Hilfe hat Leo die Hunnen zum Rückzug gezwungen. Altarrelief Peterskirche/Rom.

Quellen und Flüsse nützest. Was in ihnen schön und bewundernswert ist, das sei dir Anlass zum Lob und zur Verherrlichung des Schöpfers! Das natürliche Licht nimm wahr mit dem Gesichtssinn deines Leibes. Doch mit der ganzen Ergriffenheit deines Geistes umfange das wahre Licht, ‹das jeden Menschen erleuchtet, der in die Welt kommt›» *(Lektionar Stundengebet II/4, S. 259).*

Gedenktag des hl. Leo des Großen: 10. November

Die Kirche betet:

Gott, du hast deine Kirche auf den festen Glauben der Apostel gebaut und lässt nicht zu, dass die Pforten der Hölle sie überwältigen. Auf die Fürsprache des heiligen Papstes Leo stärke in der Kirche den Glauben und schenke ihr Einheit und Frieden. Darum bitten wir durch Jesus Christus, unseren Herrn, der in der Einheit des Heiligen Geistes mit dir lebt und herrscht in alle Ewigkeit. Amen.

Papst Leo der Große

Gregor der Große

Staatsmann, Mönch, Abt, Nuntius, Papst († 604)

Gregor ist um 540 in Rom geboren. Seine Eltern, Gordianus und Silvia, werden als Heilige verehrt. Sie gehörten dem Patriziat Roms an, wahrscheinlich der Gens Anicia. Die Familie zeichnete sich durch den Adel des Blutes, noch mehr aber durch den Adel tief christlicher Gläubigkeit und Verbundenheit mit dem Apostolischen Stuhl aus. Aus dem Geschlecht der Anicia waren bereits zwei Päpste hervorgegangen: Felix III. (483-492), Bruder des Urgroßvaters Gregors des Großen, und Agapitus (535-536).

Gregors Vater Gordianus bekleidete in Rom das Amt eines Regionanus, eines Bezirkshauptmann. Das Vaterhaus des hl. Gregor stand in Rom auf dem Clivus Scauri. Die Kindheit und Jugend Gregors fiel in eine der dunkelsten Zeiten in der Geschichte Roms, da die Byzantiner und die Goten in Rom einfielen. Überdies litten die Menschen damals unter schwersten Naturkatastrophen, Überschwemmungen und unter der Pest.

Über die religiöse Erziehung des jungen Gregor wissen wir nur, dass dahinter die frommen Eltern und zwei Tanten väterlicherseits, Tarsilla und Emiliana, standen. Beruflich erreichte Gregor in seiner politischen Karriere den Posten des Stadtpräfekten von Rom (572-73), dem das Finanzwesen, die Polizei, die Festungsanlagen und die Gebäudeverwaltung der Stadt Rom unterstanden. Er erreichte dabei eine überragende Geschäftsgewandtheit und Gesetzeskenntnis, was ihm später als Papst in der Leitung der Kirche zugute kam. Nach dem Tod seines Vaters Gordianus entschloss sich der fünfunddreißigjährige Gregor der Welt zu entsagen (575). Er verwandelte den ererbten Besitz seines Vaters am Clivus Scauri in ein dem Apostel Andreas geweihtes Kloster. Ebenso gründete er aus ererbten Besitzungen auf Sizilien sechs Klöster. Seine Lebensführung im St. Andreas-Kloster war so streng, dass er seine Gesundheit schwächte.

Papst Pelagius II. (579-590) weihte Gregor zum Diakon und machte ihn zum Apokrisiar (Nuntius) und päpstlichen Verbindungsmann für die Beziehungen zum Kaiserhof in Byzanz. Dort lebte nun Gregor von 579 bis Ende 585. Er nahm eine Reihe von Mönchen aus seinem St. Andreas-Kloster nach Konstantinopel mit und versuchte dort wieder eine monastische Lebensführung. Ihnen und seinem Freund Leander aus Sevilla hielt Gregor aszetische Vorträge. Daraus entstand das Werk «Moralia in Job». 585/86 wurde Gregor vom Papst Pelagius II. nach Rom zurückberufen, um sein besonderer Ratgeber zu sein.

Die Zustände in Rom waren 590 wegen andauernder Regengüsse in jeder Hinsicht besonders schwierig: Es kam zu entsetzlichen Überschwemmungen in Latium und in Rom. Schließlich wütete noch die Pest, an der auch Papst Pelagius II. am 5. Februar 590 starb.

Die Not zwang damals zu einer raschen Wahl des Nachfolgers des Papstes. Die Wahl fiel einmütig auf Gregor, der schon durch seine früheren Tätigkeiten, in denen er sich besonders bewährt hatte, stadtbekannt war. Keiner wäre in dieser schweren Zeit der Heimsuchung Roms besser als Nachfolger Petri geeignet gewesen. Überdies war er auch mit dem Kaiser in Konstantinopel und mit dem dortigen Patriarchen nicht bloß bekannt, sondern auch sehr angesehen. Kaiser Mauritius freute sich über die erfolgte Papstwahl und bestätigte sie gerne.

Die vierzehn Jahre, die Gregor an der Spitze der Kirche stand, waren überaus bedeutsam. Er stellte freundschaftliche Beziehungen zum Frankenreich her, schuf enge Verbindungen mit den Westgoten in Spanien, bahnte den Übertritt der Langobarden zum katholischen Glauben an, förderte die Missionierung der Angelsachsen (Augustinus und seine Mönche) und verschaffte dem Papsttum eine bis dahin nicht bekannte Führungsstellung.

Aus seinem Werk

Aus einer Auslegung Gregors des Großen zum Hohenlied:

«Nachdem das Menschengeschlecht aus dem Paradies verstoßen und auf die Pilgerstraße dieses gegenwärtigen Lebens gekommen war, war das Herz für die Einsicht in geistliche Wirklichkeiten erblindet. Wenn eine menschliche Stimme diesem erblindeten Herzen sagte: ‹Geh auf den Wegen Gottes!› oder: ‹Liebe Gott mit ganzem Herzen!›, wie es das Alte Testament tut, so könnte es, einmal verstoßen und in der Kälte des Unglaubens erstarrt, das, was es da hört, gar nicht begreifen. Darum spricht das Wort Gottes zu der erstarrten und kalten Seele in Bild und Rätselwort. Durch den Hinweis auf Dinge, mit denen sie vertraut ist, gibt es ihr insgeheim die Liebe ein, die sie nicht kennt. Die Bildrede baut der Seele, die fern von Gott ist, gleichsam eine Leiter oder eine Stiege, damit sie sich auf dieser zu Gott begeben kann. Bildreden werden vorgeschoben, und so erkennt die Seele in den Worten etwas, was auf ihrer Ebene liegt, und erfasst im tieferen Sinn der Worte etwas, was ihre Ebene übersteigt. Sie erkennt etwas, was sie nicht abschreckt, und versteht dadurch, was ihr unbekannt ist. Durch die irdischen Worte erhebt sie sich über das Irdische. In die uns bekannten Wirklichkeiten, aus denen die Bildreden genommen sind, kleiden sich die Offenbarungen Gottes; indem wir die äußeren Worte verstehen, gelangen wir zu innerer Erkenntnis. Also werden in diesem Buch, das den

Titel das ‹Hohelied› trägt, Worte einer leiblichen Liebe gebraucht, damit die Seele durch Worte, die ihr vertraut sind, aus der Erstarrung gelöst, wieder warm wird und durch die Worte über die irdische Liebe zur höheren Liebe gelangt. Um unser Herz in heiliger Liebe zu entzünden, gebraucht Gott sogar Worte, die von unserer irdischen Liebe sprechen. Aber wenn er sich in seiner Sprache so zu uns herablässt, will er uns auf die höhere Ebene des Verstehens führen. Denn aus den Worten der irdischen Liebe lernen wir, zu welcher Glut göttlicher Liebe wir entbrennen sollen» *(Aus: Lektionar für die Feier des Stundengebetes, 29. Dezember, S. 143f.).*

Gedenktag des hl. Gregor des Großen: 3. September

Die Kirche betet:

Gott, du bist deinem Volk gnädig und leitest es in Liebe. Höre auf die Fürsprache des heiligen Papstes Gregor und schenke allen, die in der Kirche am Amt der Leitung teilhaben, den Geist der Weisheit, damit dein Volk wachse und seinen Hirten zur ewigen Freude werde. Darum bitten wir durch Jesus Christus, unseren Herrn, der in der Einheit des Heiligen Geistes mit dir lebt und herrscht in alle Ewigkeit. Amen.

Papst Gregor der Große

Isidor von Sevilla

Mönch, Bischof, Schriftsteller († 636)

Das adelige, hispano-romanische Ehepaar Severianus und Tortora floh kurz nach der Geburt Isidors (um 560) mit seinen vier Kindern vor den byzantinischen Invasoren aus Cartagena (Cartago nova) nach Sevilla. Dort wuchsen die vier begnadeten Geschwister Leander, Fulgentius, Florentia und Isidor heran, die alle vier als Heilige verehrt werden.

Leander, der älteste Sohn, kam als Mönch bei einem Aufenthalt in Konstantinopel mit dem späteren Papst Gregor dem Großen zusammen und schloss mit diesem Freundschaft. Leander wurde, nachdem er Mönch und Abt eines Klosters in Sevilla war, Erzbischof von Sevilla. Der zweite Sohn namens Fulgentius wurde Bischof von Astigi in Spanien. Die Tochter Florentia wurde Ordensfrau und Äbtissin. Ihr Bruder Leander schrieb für sie das Werk «De institutione virginum et de contemptu mundi» (die Einsetzung der Jungfrauen und die Verachtung der Welt).

Der dritte jüngste Sohn Isidor war noch ein Kind, als seine Eltern starben. So nahm sich sein ältester Bruder Leander seiner an und erzog ihn streng monastisch zur Armut und Frömmigkeit, zur Liebe, zum Gebet, zur Hingabe an die Wissenschaft. Aus dieser anerzogenen Bildung wuchsen bei Isidor die vielen schriftlichen Werke und sein Programm für die Ausbildung des Klerus, als er 600 Nachfolger seines gerade verstorbenen Bruders Leander als Erzbischof von Sevilla wurde. Er leitete diese Erzdiözese mehr als 30 Jahre lang vorbildlich. Als Schriftsteller wurde er zum universell aufgeschlossenen

Überlieferer des christlichen Gedankengutes. Mit Recht gilt Isidor neben Boethius und Cassiodor als der große Lehrmeister Spaniens und der gesamten abendländischen Kirche sowie als der letzte Kirchenvater.

Papst Innozenz XIII. hat den am 4.April 636 in Sevilla heiligmäßig verstorbenen Isidor am 25. April 1722 zum Kirchenlehrer promoviert.

Aus seinem Werk

Aus dem Sentenzenbuch des hl. Isidor von Sevilla:
«Durch Gebete werden wir gereinigt, durch Lesungen unterrichtet. Beides ist gut, wenn es zugleich möglich ist, andernfalls ist Beten besser als Lesen. Wer immer bei Gott sein will, muss viel beten und viel lesen. Wenn wir beten, sprechen wir mit Gott, wenn wir lesen, spricht Gott mit uns.

Jeder Fortschritt kommt aus Lesung und Erwägung. Was wir nicht wissen, lernen wir durch Lesen, und was wir gelernt haben, prägen wir uns ein durch Erwägung.

Das Lesen der Heiligen Schrift gewährt uns einen doppelten Nutzen: Es unterweist die Einsicht unseres Geistes, und es zieht den Menschen von den Nichtigkeiten der Welt ab hin zur Gottesliebe.

Um ein Zweifaches bemüht sich die Lesung, einmal darum, die Schrift zu verstehen, und dann darum (zu erkennen), mit welchem Nutzen und welcher Ehrfurcht sie vorgetragen werden soll. Denn zuerst wird ein jeder bereit sein, sich dem Verstehen des Gelesenen zu öffnen. Dann wird er auch fähig sein, vorzutragen, was er gelernt hat. Dem ernsten Leser ist es viel mehr darum zu tun, auszuführen, was er gelernt hat, als es auch zu verstehen. Nicht zu wissen, wonach du streben sollst, ist eine geringere Sünde, als nicht zu tun, was du verstanden hast. Wie wir beim Lesen den Wunsch haben, auch zu verstehen, so müssen wir, nachdem wir verstanden haben, das Rechte, das wir erkannt haben, auch ausführen.

Niemand kann den Sinn der Heiligen Schrift erkennen, wenn er sich nicht durch Lesen mit ihr vertraut macht. Es heißt ja auch: ‹Halte sie (die Weisheit) hoch, dann wird sie dich erhöhen, sie bringt dich zu Ehren, wenn du sie umarmst› (Spr 4,8). Je fleißiger ein jeder die Heilige Schrift studiert, um so reicher ist die Einsicht, die er aus ihr schöpft. Es ist wie mit dem Ackerboden: Je ausgiebiger er gepflegt wird, desto reicher ist die Frucht, die er bringt.

Viele besitzen die Begabung des Verstandes, doch sie vernachlässigen die Lesung und vernachlässigen und verachten, was sie durch Lesen erfahren könnten. Manche lieben das Wissen, sind aber durch die Schwerfälligkeit ihres Geistes gehemmt. Doch sie begreifen durch ein fleißiges Lesen, was die Gescheiten aus Nachlässigkeit nicht wissen.

Wer sich schwer im Auffassen tut, erhält wegen seiner guten Absicht seinen Lohn aus einem guten Studium. Wer die ihm von Gott verliehene Begabung des Verstandes vernachlässigt, verdient es, verurteilt zu werden, weil er die verliehene Gabe verachtet und durch Faulheit fehlt. Eine Lehre, die ohne Gnade ins Ohr eindringt, gelangt nie bis zum Herzen. Außerdem macht sie zwar Lärm, aber im Innern ist sie nutzlos. Das Wort Gottes, das durch das Ohr eingegossen wird, gelangt bis in die letzte Tiefe des Herzens, wenn die Gnade Gottes den Geist innerlich berührt, so dass der Geist Einsicht gewinnt» *(Aus: Lektionar für die Feier des Stundengebetes, Proprium der Heiligen: 4. April, S. 265f.).*

Gedenktag des hl. Isidor von Sevilla: 4. April

Die Kirche betet:

Gott, du Quelle der Weisheit, du hast deiner Kirche den heiligen Isidor als geistlichen Lehrer gegeben. Höre auf seine Fürsprache. Schenke deiner Kirche auch in unseren Tagen Treue zur überlieferten Wahrheit und führe sie zur Einheit in deiner Liebe. Darum bitten wir durch Jesus Christus, unseren Herrn, der in der Einheit des Heiligen Geistes mit dir lebt und herrscht in alle Ewigkeit. Amen.

Bischof Isidor von Sevilla
Kopfbüste im Dom von Sevilla

Beda Venerabilis

Ordenslehrer, Schriftsteller, Priester († 735)

Beda (auch Baeda geschrieben) mit dem vielsagenden Beinamen «Venerabilis – der Ehrwürdige» hat seinem Hauptwerk «Kirchengeschichte Englands» eine autobiographische Anmerkung angefügt, in der er berichtet, er sei im Landbesitz des Klosters Wearmouth im Königreich Northumbrien im Norden Englands 672/673 geboren und mit sieben Jahren von seinen Eltern als Oblate dem heiligmäßigen Abt Benedikt Biscop übergeben worden. Dieser habe ihn dann dem Abt Ceolfrith im neugegründeten Zweigkloster Jarrow zur weiteren Ausbildung anvertraut. In diesem Kloster hat er dann sein ganzes Leben zugebracht. In gewissenhafter Beobachtung der Ordensdisziplin und bei aktiver Teilnahme am täglichen Chorgebet in der Kirche sei ihm in der übrigen Zeit die liebste Beschäftigung das Studieren, das Unterrichten und das Schreiben gewesen («semper aut discere, aut docere, aut scribere dulce habui» Eccl. V. 24).

Mit neunzehn Jahren wurde Beda im Jahre 692 zum Diakon, mit dreißig Jahren (703) zum Priester geweiht. Seine Tätigkeit blieb bis kurz vor seinem Tod die eines Ordenslehrers für die Ordensjugend und die eines eifrigen Schriftstellers. Noch kurz vor seinem Sterben an der Vigil von Christi Himmelfahrt (26. Mai 795) war Beda mit dem Übersetzen des letzten Kapitels des Johannesevangeliums beschäftigt. Seine verschiedenen Schriften verfasste er eigentlich nur als Hilfsmittel für die Ausbildung des Ordensnachwuchses. Er wurde dreiundsechzig Jahre alt, in einem an äußeren Ereignissen eher armen und unbewegten Leben. Und doch wurde er gleich nach seinem Tod in seiner überragenden Bedeutung erkannt und als «Clarissimus Ecclesiae Dei magister» betitelt. Das Konzil von Aachen im Jahre 836 vergleicht die Autorität des hl. Beda mit jener der bedeutendsten Kirchenväter und nennt ihn «Venerabilis et modernis temporibus doctor admirabilis – Bewundernswerter Lehrer der heutigen Zeit».

Es ist zu verstehen, dass der selige Papst Pius IX. und dann dessen Nachfolger Leo XIII. gebeten wurden, das Fest des seligen Beda am 27. Mai auf die ganze Weltkirche auszudehnen und ihm den Titel eines Kirchenlehrers zu verleihen. Das geschah am 13. November 1899.

Aus seinem Werk

Kommentar des Beda Venerabilis zum 1. Petrusbrief:
«‹Ihr seid ein auserwähltes Geschlecht, eine königliche Priesterschaft.› Diesen Vorzug bezeugte Mose dem alten Volk Gottes. Jetzt wendet der Apostel Petrus dieses Wort mit Recht auf die Heiden an, die den Glauben an Christus angenommen haben. Denn Christus ist gleichsam der Eckstein, der die Heiden mit dem Heil, das Israel besaß, verbindet.

Er nennt die Heiden ein ‹auserwähltes Geschlecht› wegen des Glaubens, um sie von denen zu unterscheiden, die den lebendigen Stein verworfen haben und deshalb selbst verworfen wurden.

‹Königliche Priesterschaft› nennt er sie, weil sie mit dem Leib Christi vereinigt wurden, der höchster König und wahrer Priester ist, der den Seinigen als König das Reich verleiht und sie als Hoherpriester durch das Opfer seines Blutes von ihren Sünden reinigt. ‹Königliche Priesterschaft› nennt er sie, damit sie stets daran denken, auf das ewige Königreich zu hoffen und Gott allzeit das Opfer eines unbefleckten Lebens darzubringen. ‹Heili-

Beda Venerabilis. Abbildung aus einer Fassung
von Bedas «Vita Sancti Cuthberti», 12. Jahrhundert

ger Stamm, ein Volk, das sein besonderes Eigentum wurde› werden sie genannt nach der Auslegung, die Paulus den Worten des Propheten Habakuk gibt: ‹Der Gerechte bleibt wegen seiner Treue am Leben›. Er sagt: ‹Mein Gerechter aber wird durch den Glauben leben; doch wenn er zurückweicht, habe ich kein Gefallen an ihm. Wir aber gehören nicht zu denen, die zurückweichen und verlorengehen, sondern zu denen, die glauben und das Leben haben›» *(Aus: Lektionar für die Feier des Stundengebetes I/3, Osterzeit: 3. Woche – Montag, S. 81).*

Gedenktag des hl. Beda Venerabilis: 25. Mai

Die Kirche betet:

Herr, unser Gott, du hast deine Kirche durch die fromme Gelehrsamkeit des heiligen Beda erleuchtet. Sein Fleiß sei uns ein Beispiel, seine Weisheit Licht, sein Leben ein steter Ansporn. Darum bitten wir durch Jesus Christus, unseren Herrn, der in der Einheit des Heiligen Geistes mit dir lebt und herrscht in alle Ewigkeit. Amen.

Johannes von Damaskus

Finanzminister, Mönch, Priester, Schriftsteller († 750)

Dieser Heilige ist nach 650 in Damaskus als Sohn vornehmer arabischer, aber christlicher Eltern geboren. Der Vater namens Mansur war hoher Beamter im Finanzministerium des Kalifen, der den Christen halbwegs wohlgesinnt war. Johannes genoss eine solide Ausbildung auf literarischem und philosophischem Gebiet und folgte für einige Zeit dem Vater in seiner Stellung als Finanzminister nach. Er verließ aber schon bald Damaskus und zog sich in die Einsiedelei St. Saba bei Jerusalem zurück. Der neue Herrscher im Kalifat, Abu Malek (685-705), war ganz islamisch gesinnt und entzog den Christen die bisherige Duldung. Johannes aber wollte seinem christlichen Glauben treu bleiben und wurde deshalb zusammen mit seinem Adoptivbruder Kosmas Mönch. Schließlich ließ er sich zum Priester weihen und wirkte fortan in Jerusalem als Prediger und theologischer Schriftsteller.

Er starb im Februar 754 im Saba-Kloster angeblich im Alter von 104 Jahren. Die Verehrung als Heiliger wurde ihm zuerst im Osten wegen seiner theologischen Werke, dann auch im Abendland zuteil. Papst Leo XIII. ernannte ihn am 18. September 1890 zum Kirchenlehrer.

Theophanes der Bekenner erklärte zu Beginn des 9. Jahrhunderts: «Man hat des hl. Johannes von Damaskus wegen der in seiner Lehre wie in seinem Leben erblühenden, goldglänzenden Gnade des Heiligen Geistes den Beinamen «Der Goldglänzende» gegeben. Die Ostkirche hat ihn seit je unter die Kirchenväter gerechnet, vor allem wegen seiner mutigen Verteidigung der Bilder der Heiligen und ihrer Verehrung, die von den Ikonoklasten unter der Führung des Kaisers Leo III. (717-741) leidenschaftlich bekämpft wurde. Eine Legende über Johannes von Damaskus sei noch erwähnt: Der Kalif habe ihm die rechte Hand abhacken lassen, weil er sich für die Verehrung der Ikonen eingesetzt hatte, was für die Islamiten ein Greuel war. Die Jungfrau aber habe zum Dank für die Liebe und Verehrung, die er ihr entgegenbrachte, wunderbar die abgehauene Hand nachwachsen lassen.

Aus seinem Werk

Aus der Erklärung des Glaubens vom hl. Johannes von Damaskus (Proprium der Heiligen: 4. Dezember):
«Herr, du hast mich zum Sohn meines Vaters gemacht und mich im Mutterleib geformt. Du hast mich als nackten Knaben das Licht erblicken lassen, weil die Gesetze unserer Natur stets deinen Geboten zu Willen sind. Durch den Segen des Heiligen Geistes hast du meine Neuschöpfung und mein eigentliches Dasein vorbereitet, nicht aus dem Willen des Mannes oder dem Begehren des Fleisches, sondern aus deiner unaussprechlichen Gnade.

Du hast meine Geburt auf eine Weise bereitet, die über die Naturgesetze hinausragt. Als du mich ans Licht der Welt brachtest, nahmst du mich als Sohn an und reihtest mich ein unter die Kinder deiner heiligen und makellosen Kirche.

Du hast mich mit geistlicher Milch genährt, mit der Milch deiner göttlichen Worte. Du hast mich gestärkt durch die feste Speise des Leibes Christi, unseres Gottes, deines heiligen Eingeborenen. Du hast mich gestärkt mit dem heiligen Kelch, mit seinem lebenspendenden Blut, das er für das Heil der ganzen Welt vergossen hat.

Herr, du hast uns geliebt und deinen geliebten einzigen Sohn für unsere Erlösung hingegeben, und er hat die Aufgabe freiwillig und ohne Widerstand auf sich genommen»

Dieser Holzschnitt von 1880 zeigt die Legende wie Maria als Königin der Heiligen dem Johannes von Damaskus seinen abgehackten Arm wieder anwachsen lässt.

Gedenktag des hl. Johannes von Damaskus:
4. Dezember

Die Kirche betet:

Herr und Gott, du hast dem heiligen Johannes von Damaskus die Fähigkeit geschenkt, den rechten Glauben überzeugend zu verkünden. Hilf uns auf seine Fürsprache, aus diesem Glauben Licht und Kraft zu schöpfen. Darum bitten wir durch Jesus Christus, unseren Herrn, der in der Einheit des Heiligen Geistes mit dir lebt und herrscht in alle Ewigkeit. Amen.

Isidor von Sevilla. Bild zu Seite 75

Petrus Damiani

Professor, Mönch, Priester, Kardinalbischof († 1072)

Der 1007 in Ravenna Geborene verlor sehr früh Vater und Mutter. Eine ältere Schwester namens Roselinde ersetzte ihm die Mutter, ein älterer Bruder namens Damian, der schon Priester war, verhalf ihm zum Studium.

Er wurde Professor für Rhetorik in seiner Heimatstadt. 1035 trat in den Einsiedlerorden von Fonte Avellana ein; dort empfing er nach dem Theologiestudium die Priesterweihe. 1043 wurde Petrus zum Prior gewählt. Er war Organisator des Ausbaues von Fonte Avellana und anderer Einsiedlergemeischaften. 1045-1050 verfasste er die Ordensregel für Fonte Avellana. Im Kampf gegen die Simonie in der Kirche und gegen die Laster unter Klerikern setzte er sich in Wort und Tat beherzt ein (vgl. Liber gratissimus und Liber Gomorrhianus). Lange Jahre war er auch Ratgeber des Papstes. 1057 wurde Petrus zum Kardinal-Bischof von Ostia ernannt. Aus Demut reichte er 1067 seine Demission ein und kehrte zum Eremitenleben zurück. Er starb in der Nacht vom 22. auf den 23. Februar 1072 in Faenza. Im dortigen Dom liegt er begraben. Am 1. Oktober 1828 wurde er von Papst Leo XII. zum Kirchenlehrer promoviert.

Petrus Damiani war einer der bedeutendsten Diplomaten und Berater der Päpste. Er war päpstlicher Legat in Deutschland und Frankreich, Visitator in Bistümern und Klöstern, vielbeachteter Bußprediger, glühender Verteidiger der Rechte der Kirche, ein Mönch von äußerster Strenge und Buße, ein unermüdlicher Schriftsteller. Der hl. Petrus Damiani gehört zu den außerordentlichsten Männern aller Zeiten. An diesem Gelehrten bewundert man die reichen Kenntnisse, an dem Verkünder des Gotteswortes bewundert man den apostolischen Freimut, an dem Mönch bewundert man die Sittenstrenge und Abtötung, an dem Priester die Frömmigkeit und den Seeleneifer, an dem Kardinal bewundert man die treue Ergebenheit gegen den Heiligen Stuhl und seine aufopferungsvolle Begeisterung und Hingabe für das Wohl der Kirche.

Der große italienische Dichter Dante wies dem hl. Petrus Damiani in seiner «Divina Commedia» (Paradiso XXI / 43-99) einen Ehrenplatz zu. Verehrt haben ihn auch die italienischen Dichter Petrarca und Boccaccio.

Aus seinem Werk

Aus einem Brief des hl. Petrus Damiani:

«Lieber Freund, du hast mich um brieflichen Trost gebeten, und ich soll die Bitterkeit, die dein Geist unter den vielen Schicksalsschlägen erleidet, durch gute Anregungen erträglicher machen.

Das Wort Gottes will dich ohne Zweifel lehren, wie ein Sohn das Erbe in Besitz zu nehmen. Denn was ist deutlicher als das Wort: ‹Mein Sohn, wenn du dem Herrn dienen willst, dann steh fest in Gerechtigkeit und (Gottes-)Furcht und mach dich auf Prüfungen gefasst› (Sir 2,1)! Wo Furcht und Gerechtigkeit herrschen, dort ist die Anfechtung durch irgendwelche Widrigkeiten nicht Züchtigung eines Sklaven, sondern väterliche Zucht.

Gerade die Züchtigung durch Gott ist seinen Auserwählten ein Trost. Denn die augenblickliche Geißel, die sie ertragen müssen, macht sie stark für den Weg einer Hoffnung auf den Glanz der überirdischen Seligkeit.

So glättet der Hammer das Gold, damit der Schmied die Schlacken herausschlägt. Deswegen schleift die Feile es immer wieder ab, damit die Ader des erzitternden Me-

Der hl. Petrus Damiani, Kardinalbischof von Ostia,
Mitglied des Benediktinerordens. Alter Stich

talls um so strahlender glänzt. ‹Töpferware wird nach der Brennhitze des Ofens eingeschätzt, der gerechte Mensch wird durch Versuchung und Not geprüft› ((Sir 27,5). Darum schreibt Jakobus: ‹Seid voll Freude, meine Brüder, wenn ihr in mancherlei Versuchungen geratet› (Jak 1,2). Mit Recht darf sich freuen, wem hier für seine Sünden zeitliche Not widerfährt und für das Gute, das er getan hat, im Himmel ewiger Lohn bereitsteht.

Lieber Bruder, keine Hoffnungslosigkeit soll deinen Geist bedrücken, wenn du gegeißelt wirst und Schläge heiliger Zucht dich treffen. Kein Klagen und Murren komme über deine Lippen. Betrübnis und Trauer sollen dich nicht überwältigen, und Kleinmut mache dich nicht ungeduldig. Vielmehr strahle dein Gesicht frohen Mut aus. Heiterkeit herrsche in deinem Gemüt und aus deinem Mund erklinge Dankgesang.

Die Hoffnung richte dich auf und erfreue dich, die Liebe entzünde ihre Glut, damit der Geist in heiliger Trunkenheit vergisst, was er im Äußeren leidet, und damit sein Wachsen und Streben auf das gerichtet ist, was er im Innern schaut» *(Aus: Lektionar für die Feier des Stundengebetes I/2, Proprium der Heiligen: 21. Februar, S. 212f.).*

Gedenktag des heiligen Petrus Damiani: 21. Februar

Die Kirche betet:

Allmächtiger Gott, lehre uns, nach der Weisung des heiligen Petrus Damiani Christus über alles zu lieben und für deine Kirche einzutreten, damit wir zur ewigen Freude gelangen. Darum bitten wir durch Jesus Christus, unseren Herrn, der in der Einheit des Heiligen Geistes mit dir lebt und herrscht in alle Ewigkeit. Amen.

Anselm von Canterbury

Mönch, Priester, Abt, Erzbischof, Schriftsteller († 1109)

Anselm wurde um 1033/1134 in Aosta (in der italienischen Region Piemont) geboren. Sein Vater Gandulfo di Gisliberti war ein lombardischer Adelsmann, der hart und vergnügungssüchtig gewesen sein soll. Anselms Mutter Ermenbeiga war vielleicht mit dem Grafen von Turin verwandt und stammte aus Aosta. Sie war fromm und hochgebildet.

Anselms Biograph Eadmer erzählt vom Kind Anselmo einen ergreifenden Traum, in welchem das Kind Gott sah, mit Gott sprach und zu einem Mahl mit Gott zugelassen wurde.

Zur Erziehung wurde Anselm den Benediktinern anvertraut, die in Aosta ein Priorat hatten. Anselm wünschte Benediktusschüler zu werden, aber der Vater war dagegen. Anselm sollte das zu erbende große Vermögen übernehmen. Es gab diesbezüglich Streit mit dem Vater. Der Sohn verzichtete auf das Erbe und trennte sich vom Vater und von der Heimat.

Er hielt sich dann längere Zeit in Burgund auf und landete schließlich in Bec, in der Region Bemay, wohin ihn der Ruf des aus Pavia stammenden Priors Lanfranco hinzog, dessen Schüler er wurde. Schließlich trat Anselm in den Benediktinerorden ein (1060). Anselm wurde zum Priester geweiht, setzte aber dann noch seine philosophischen und theologischen Studien fort.

Als Lanfranco 1063 Abt von St. Stephan in Caen (Normandie) wurde, wurde Anselm zum Prior in Bec und zum Lehrer der Ordenskandidaten ernannt. Aus den im Unterricht gehaltenen Vorlesungen entstanden Anselms erste Werke De veritate, De libero arbitrio, De casu diaboli und De grammatico. Am 22. Februar 1079 wurde Anselm zum Abt von Bec ernannt. Als sein Freund und Lehrmeister Abt Lanfranco zum Erzbischof von Canterbury gewählt worden war, half ihm Anselm beim Aufbau eines Benediktinerklosters in Canterbury.

Die Beziehungen des Abtes Anselm von Bec zum Erzbischof Lanfranco und über diesen zu England, waren schließlich so intensiv geworden, dass er zum Nachfolger Lanfrancos auf dem erzbischöflichen Stuhl von Canterbury gewählt wurde, als Lanfranco 1089 gestorben war. Erzbischof Anselm setzte sich mit Festigkeit für die Freiheit der Kirche Englands, für die Reform des Klerus, für die überlieferten Rechte der englischen Kirche in Kult und Liturgie ein. Er musste zweimal in die Verbannung nach Italien gehen, einmal unter König Wilhelm II. im Jahre 1097 und ein zweites Mal unter Heinrich I. im Jahre 1103.

Anselms Bedeutung als Kirchenlehrer liegt im Versuch, die Glaubenswahrheiten mit der Vernunft zu durchdringen. Seine Werke stehen unter dem Prinzip: «Fides quaerens intellectum» (der Glaube sucht das Verstehen), und «Credo ut intelligam» (ich glaube, um zu verstehen).

Anselm starb am 21. April 1109 in Canterbury. Auf Ansuchen König Heinrichs VII. gab 1492 Papst Alexander VI. dem Erzbischof von Canterbury die Bevollmächtigung für die Verehrung Anselms.

Papst Alexander VII. nahm 1690 Anselm in das Martyrologium auf. 1720 ernannte Papst Clemens XII. den heiligen Anselm von Canterbury zum Kirchenlehrer.

Aus dem Buch «Proslogion» des Anselm von Canterbury:

«Hast du gefunden, meine Seele, was du gesucht hast? Du hast Gott gesucht und gefunden, dass er das Höchste von allem ist, so hoch, dass wir nichts Höheres denken können als ihn. Du hast gefunden, dass er Leben und Licht, Weisheit und Güte, ewige Seligkeit und selige Ewigkeit in Person ist, überall und immerdar.

Herr, mein Gott, der mich geschaffen und neu geschaffen hat, sag meiner verlangenden Seele, was du über das hinaus bist, was sie gesehen hat, damit sie dich rein erkennt. Meine Seele streckt sich aus, um noch mehr zu sehen. Aber jenseits von dem, was sie gesehen hat, erblickt sie nur Finsternis. Ja, sie sieht auch keine Finsternis, da es die nicht in dir gibt. Aber sie merkt, dass sie wegen ihrer eigenen Finsternis mehr nicht sehen kann.

Wirklich, Herr, das ist das unzugängliche Licht, in dem du wohnst (1 Tim 6,16); es gibt wirklich nichts anderes, was in dieses Licht eindringen und dich dort sehen könnte. Wahrhaftig, deswegen kann ich nicht sehen, weil es zu hell für mich ist.

Und doch: was immer ich sehe, ich sehe es durch dieses Licht, wie ein krankes Auge alles, was es erblickt, durch das Sonnenlicht sieht, obwohl es nicht in die Sonne sehen kann. Meine Vernunft ist ohnmächtig gegenüber diesem Licht, es leuchtet zu stark; sie fasst es nicht, und das Auge meiner Seele hält es nicht lange aus, hineinzuschauen. Das Auge schreckt vor dem Glanz zurück, wird von der Fülle besiegt, von der Unermesslichkeit zu Boden geworfen und von der Kraft geblendet.

Du höchstes, unzugängliches Licht! Du volle und selige Wahrheit, wie fern bist du von mir, obwohl ich doch so nahe bei dir bin! Wie fern bist du meinen Blicken, wo ich deinen Augen doch unmittelbar gegenwärtig bin! Du bist überall, und doch sehe ich dich nicht. In dir bewege ich mich, und in dir bin ich (Apg 17,28), und doch kann ich nicht zu dir kommen! Du bist in mir und um mich, und doch, ich fühle dich nicht ! Mein Gott, ich bete: Ich möchte dich erkennen, dich lieben und an dir mich freuen. Wenn ich es in diesem Leben nicht ganz erreichen kann, so lass mich täglich fortschreiten, bis jenes Ganze kommt; hier möge deine Erkenntnis in mir wachsen und dort vollendet werden. Hier nehme meine Liebe zu dir zu, um dort vollkommen zu werden. Hier sei meine Freude groß in der Hoffnung, dort in der Wirklichkeit unbegrenzt» *(Aus: Lektionar für die Feier des Stundengebetes, Proprium der Heiligen: 21. April, S. 251f.).*

Gedenktag des hl. Anselm von Canterbury: 21. April

Die Kirche betet:

Gott, du bist unerforschlich in deinem Wesen, und doch offenbarst du dich den Menschen. Du hast den heiligen Anselm gedrängt, die Tiefe deiner Weisheit zu erforschen und zu verkünden. Gib, dass der Glaube unserem Verstand zu Hilfe komme, damit unser Herz liebgewinnt, was du uns zu glauben befiehlst. Darum bitten wir durch Jesus Christus, unseren Herrn, der in der Einheit des Heiligen Geistes mit dir lebt und herrscht in alle Ewigkeit. Amen.

Anselm von Canterbury, einer der ersten Europäer, Abt in Frankreich, Erzbischof in England, «Vater der Scholastik», der Denkschule des Mittelalters.

Bernhard von Clairvaux

Mönch, Abt, Prediger, Ratgeber, Schriftsteller († 1153)

Geboren wurde Bernhard 1090 auf der Burg Fontaines bei Dyon im französischen Burgund als drittes von sieben Kindern des burgundischen Edelmannes Tescelin le Saus, des «Rotblonden», und der seligen Grafentochter Aleth (Adelheid) de Montbard. Im Jahre der Gründung des Zisterzienserordens (1098) wurde der achtjährige Bernhard den Stiftsherren von St. Vorles in Chatillon sur Seine zur Erziehung übergeben, nachdem seine Mutter auf ihn in religiöser Hinsicht einen entscheidenden Einfluss ausgeübt hatte. Diese starb 1107/1108.

Zu Ostern 1113 trat Bernhard mit dreißig anderen jungen Männern, darunter seine Brüder, Guido, Gerhard, Bartholomäus und Andreas, in das strenge Kloster zu Citeau ein, das sich bis dahin nur mit Mühe behaupten konnte. Nach dem einjährigen Noviziat folgte 1114 die Profess vor dem hl. Gründerabt Stephan Harding.

Bernhards Schwester Humbelinde wurde Ordensfrau.

Schließlich trat auch noch Bernhards jüngster Bruder Nivard in Citeau ein. Die Zahl der Neueintritte in Citeau war Jahr für Jahr so groß, dass sein Gründer, Abt Stephan Harding, noch vier Filialklöster gründete. Dieser machte den erst siebenundzwanzigjährigen Bernhard zum Abt des Filialklosters Clairvaux. Hier wirkte Bernhard als väterlicher Erzieher der ihm anvertrauten Mönche achtunddreißig Jahre lang. Bernhard wirkte über das Kloster Clairvaux hinaus, als Friedensstifter zwischen Städten und Klöster, als Verteidiger des wahren unverfälschten Glaubens (gegen Irrlehrer wie Petrus Abelard, Gilben von Poitiers), als kluger verantwortungsbewusster Ratgeber auf den Konzilien von Reims, Sens und Paris. Er nahm teil an der Vorbereitung des zweiten Kreuzzuges und predigte mit großem Erfolg in Frankreich, Flandern und in Deutschland. Er förderte achtundsechzig Klostergründungen.

Man hat gesagt, dass sein monastisches Leben geteilt war zwischen Mönchtum und Rittertum, Mystik und Politik, Erzieher- und Lehrertätigkeit, Schriftstellerei und Dichtkunst. Er lebte aus der Heiligen Schrift und bewegte sich in der Liturgie und Patristik, in der mystischen Theologie mit einer einzigartigen Christus- und Marieninnigkeit.

Erwähnt gehören noch zwei Besuche, die Abt Bernhard in Clairvaux erhielt. Der eine war sein ehemaliger Schüler Papst Eugen III. und der andere Erzbischof Malachias von Irland. Auswirkung des Papstbesuches in Clairvaux war das 1148-1153 geschriebene Werk «De consideratione ad Eugenium papam».

Bernhards Freund, der hl. Bischof Malachias starb während eines Aufenthaltes in Clairvaux am 13. Oktober 1148. Ihm widmete der hl. Bernhard eine Biographie.

Aus den Briefen des hl. Bernhard erfahren wir, dass er schwer krank war. Seit seinem Noviziat litt er an einem Magenleiden, das selbst beim Chorgebet zu regelmäßigem Erbrechen führte. Trotz dieser chronischen Krankheit schleppte er sich zeitlebens durch halb Europa und ließ sich nicht von seinen apostolischen Aufgaben abhalten bis er schließlich dem Krebsleiden erlag.

Bernhard starb am 20. August 1153 in Clairvaux.

Von Papst Alexander III. wurde er 1174 heiliggesprochen. Am 20. August 1830 wurde er von Papst Pius VIII. zum Kirchenlehrer promoviert.

Sein Ehrentitel war «Doctor mellifluus» (Honigfließender Lehrer).

St. Bernhard von Clairvaux. Detail (um 1620);
Freiburg/Schweiz, Eglise de la Maigrauge.
Photo: Benedikt Rast, Freiburg/Schweiz

Aus seinem Werk

Aus einer Homilie Bernhards von Clairvaux über die gläubige Zustimmung Marias zu Gottes Heilsplan:

«Du hast gehört, heilige Jungfrau, du sollst einen Sohn empfangen und gebären: Nicht von einem Menschen hast du das Wotr gehört, sondern vom Heiligen Geist. Der Engel wartet auf Antwort; denn es ist Zeit, dass er zu Gott zurückkehrt, der ihn gesandt hat. Herrin, auch wir warten auf das Wort des Erbarmens, wir, auf denen das Todesurteil lastet.

Siehe, dir ist der Preis unserer Erlösung angeboten. Wir werden sofort befreit, wenn du zustimmst. Im ewigen Wort Gottes sind wir alle geschaffen, wir, die wir sterben müssen. Durch ein kurzes Wort von dir sollen wir neu geschaffen und dem Leben zurückgegeben werden. Um dieses Wort bitten dich, gütige Jungfrau, der beklagenswerte Adam und seine Nachkommen, die, aus dem Paradies vertrieben, in der Verbannung weilen. Um dieses Wort bitten Abraham und David. Dieses Wort ersehnen alle heiligen Patriarchen, deine Väter; auch sie wohnen ja im Schatten des Todes.

So liegt der ganze Erdkreis dir zu Füßen und wartet auf deine Antwort. Nicht von ungefähr; denn von deinem Mund hängt der Trost der Verbannten ab, der Loskauf der Gefangenen, die Befreiung der Verurteilten und das Heil aller Nachkommen Adams, deines ganzen Geschlechtes. Gib unverzüglich deine Antwort, heilige Jungfrau, antworte dem Engel, antworte ohne Zögern durch den Engel dem Herrn. Antworte und empfange das Wort. Sag dein Wort und nimm das göttliche Wort entgegen! Sprich das vergängliche Wort und umfange das ewige!

Was zögerst du, warum erbebst du? Glaube, bekenne und nimm das Wort an! Die Demut fasse sich ein Herz, die Ehrfurcht öffne sich im Vertrauen. Jetzt ist nicht der

Augenblick, dass die jungfräuliche Bescheidenheit die Klugheit vergessen dürfte.

In dieser einzigen Sache, du kluge Jungfrau, fürchte nicht, vermessen zu sein. Zwar mag Ehrfurcht im Schweigen sich angemessen kundtun, jetzt aber ist es notwendig, dass die Bereitschaft für Gott zu Wort kommt.

Heilige Jungfrau, öffne das Herz dem Glauben, öffne die Lippen dem Bekenntnis, öffne deinen Schoß dem Schöpfer. Siehe, der ‹nach dem sich die Völker sehnen› (Hag 2,8), steht vor der Tür und klopft an. Wenn er vorbeiginge, weil du zögerst, müsstest du mit Schmerzen von neuem suchen, ihn, den deine Seele liebt (Hld 3,3)! Steh auf, laufe, öffne! Mach dich im Glauben auf, eile in Liebe und öffne ihm durch dein Wort!

Und sie sagt das Wort: ‹Siehe, ich bin die Magd des Herrn; mir geschehe nach deinem Wort!› (Lk 1,38)» *(Aus: Lektionar für die Feier des Stundengebetes, Advent: 20. Dezember, S. 109-111).*

Gedenktag des hl. Bernhard von Clairvaux:
20. August

Die Kirche betet:

Allmächtiger Gott, du hast den heiligen Abt Bernhard mit brennender Sorge für deine Kirche erfüllt und ihn in den Wirren seiner Zeit zu einem hellen Licht gemacht. Erwecke auch heute Menschen, die vom Geist Christi ergriffen sind und als Kinder des Lichtes leben. Darum bitten wir durch Jesus Christus, unseren Herrn, der in der Einheit des Heiligen Geistes mit dir lebt und herrscht in alle Ewigkeit. Amen.

Antonius von Padua

Franziskaner, Ordenspriester, Volksmissionar († 1231)

Als Sohn adeliger Eltern (Martin und Maria) 1195 in Lissabon/Portugal geboren, wurde Antonius auf den Namen Fernando getauft. Bereits mit fünfzehn Jahren (1210) trat er in das Augustiner-Chorherrenkloster St. Vicente de Fora bei Lissabon ein. Schon zwei Jahre später wechselte Antonius in das Augustiner-Chorherrenkloster Santa Cruz in Coimbra, einem der vornehmsten theologischen Bildungsstätten Portugals. Dort studierte er Bibelwissenschaft und Patrologie (Augustinus), bevor er 1219 zum Priester geweiht wurde.

1220 kamen die Leichen von fünf franziskanischen Protomärtyrern, deren Mission in Marokko tragisch misglückt war, nach Coimbra, wo sie in Santa Cruz beigesetzt wurden. Dieses Ereignis beeindruckte den jungen Priester Fernando sio sehr, dass er im kleinen Kloster Santo Antonio dos Olivais in den Franziskanerorden eintrat. Erst jetzt erhielt er den Ordensnamen ‹Antonius›. Antonius bekam die Erlaubnis, als Ersatz für die Märtyrer in Marokko zu missionieren. Im Herbst 1220 schiffte er sich nach Marokko ein. In Marokko angekommen, erkrankte Antonius aber so schwer, dass er wieder nach Portugal zurückgebracht werden sollte. Das Schiff geriet aber in schweren Seesturm und landete im Frühjahr 1221 statt in Portugal in Sizilien.

Von dort kam Antonius mit einigen Mitbrüdern aus Sizilien nach Assisi, wo er zu Pfingsten 1221 am berühmten «Mattenkapitel» teilnahm. Bei der Aufteilung der 3000 anwesenden Franziskusjünger auf die verschiedenen Ämter und Regionen blieb der unbekannte Antonius zuletzt allein übrig. Der Franziskaner-Provinzial für die Provinzen Emilia-Romana, Pater Grazfan, schickte Antonius zunächst in die Einsiedelei Montepaolo bei Forli, wo er den Geist des Ordens in Gebet und Unterweisung kennen lernen sollte.

Bei einer Priesterweihe und Primiz in Forli fand sich für eine passende Predigt keiner, der sich dafür zur Verfügung stellte. So wurde Antonius zum Halten der Primizpredigt bestimmt. Dabei offenbarte er seine große Schrift- und Theologiekenntnis und beeindruckte damit so sehr, dass der hl. Franziskus dem jungen Bruder Antonius 1224 schriftlich den Auftrag für das Halten von Vorlesungen aus der Theologie gab. Das Schreiben des hl. Franziskus lautet so: «Antonio Episcopo meo, Frater Franciscus salutem. Placet mihi quod sacram Theologiam legas Fratribus, dummodo inter huiusmodi studium sanctae orationis et devotionis spiritum non extinguas, sicut Regula continetur.» Frei übersetzt: «Meinem Bischof Antonius Heil! Es gefällt mir, dass du die Heilige Theologie dozierst und den Brüdern beibringst, diesem Bestreben aber darf nicht der Geist der Frömmigkeit und des Gebetes fehlen, wie es unserer heiligen Regel entspricht.»

Eigentlich ist mit diesem Brief, sofern er echt ist, der hl. Antonius durch den hl. Franziskus zum Kirchenlehrer ernannt worden. Papst Pius XII. hat diese Ernennung gewissermaßen nur bestätigt. Beachtenswert ist dabei die Mahnung, die Theologie ohne Verletzung echter Frömmigkeit zu dozieren. Antonius hat sich zweifellos immer daran gehalten. Er war zunächst Lehrer der Theologie mit dem Sitz im Konvent S. Maria della Pugliola in Bologna, zugleich aber auch Volksmissionar, der die Glaubenswahrheiten in der Auseinandersetzung mit den Irrlehren von damals (Albigenser, Waldenser) predigte. Antonius wagte sich dabei sogar in die Hochburg der Irrlehren nach Rimini vor, wo er Bonillo, das Oberhaupt einer Sekte, für

«Unser Glaube lässt sich mit einem Fisch vergleichen.
Wie sich der Fisch von den Wogen des Meeres hin- und
herwerfen lässt, aber nicht untergehet, so wird auch unser
Glaube durch Widerwärtigkeiten nicht vernichtet.»
Antonius von Padua

den wahren Glauben zurückgewann. Dann, von 1225-1227, richtete Antonius seine Lehr- und Predigttätigkeit vor allem auf Südfrankreich (Montpellier, Toulouse). Nach Ostern 1227 kehrte Antonius nach Italien zurück und predigte vor allem in Padua. Seine Fastenpredigten im Jahre 1231 hatten besonders großen Erfolg. 1228 war Antonius auch in Rom, wahrscheinlich um Anliegen des Ordens zu regeln. Bei seinem letzten Aufenthalt in der Nähe von Padua erkrankte Antonius ganz schwer an Wassersucht, er sollte bei den Ordensfrauen im kleinen Kloster von Arcella bei Padua wieder genesen. Doch am 13. Juni 1231, einem Freitag, starb der Heilige unter dem Gesang «O gloriosa domina». Der Ruf, ein Heiliger sei gestorben, verbreitete sich so schnell, dass sich schon nach einem Jahr, nämlich am 30. Mai 1232, Papst Gregor IX. bei seinem Aufenthalt in Spoleto genötigt sah, Antonius heilig zu sprechen. Am 16. Januar 1946 ernannte Papst Pius XII. den hl. Antonius zum Kirchenlehrer mit dem apostolischen Schreiben: «Exulta Lusitania felix».

Man hat gefragt, ob die Predigtvorlagen von Antonius (Vgl. seine Werke im Anhang) hinreichen konnten für die Promotion des hl. Antonius zum Kirchenlehrer. Man meinte, es sei nur eifersüchtiger Ordensehrgeiz der Grund für diese Kirchenlehrer-Promotion gewesen. Mag sein, dass wirklich auch Ordensehrgeiz dahintersteckte, aber Pius XII. wollte sicher die erfolgreiche und vielseitige Predigttätigkeit des hl. Antonius und nicht allein seine Predigtvorlagen zum Anlass für die Kirchenlehrer-Promotion des hl. Antonius nehmen.

Wegen seiner großen Schriftkenntnis wird Antonius «Doctor evangelicus» genannt. Wegen der Wundertätigkeit dieses Heiligen gab schon der hl. Bonaventura den Rat: «Suchst du Wundertaten, geh zu Antonius!» Noch heute verdanken viele Menschen, die seine Hilfe anflehen, das Wiederfinden verloren geglaubter Güter.

Aus seinem Werk

Aus einer Predigt des hl. Antonius von Padua über die Aufgaben des Predigers:

«Wer vom Heiligen Geist erfüllt ist, redet in vielen Sprachen. Die vielen Sprachen sind ein vielfältiges Zeugnis von Jesus Christus. Solche Sprachen sind: Demut, Armut, Geduld und Gehorsam. In ihnen reden wir, wenn wir sie andern an uns sichtbar machen.

Die Rede hat Leben, wenn die Taten sprechen. Ich bitte: Schluss mit den Worten, die Taten sollen sprechen! Wir sind voll von Worten und leer an Werken und darum von Gott verworfen. Denn er verfluchte den Feigenbaum, an dem er keine Frucht, sondern, nur Blätter fand (Mt 21,9). Gregor sagt: Es ist ein Gesetz für den Prediger, dass er tut, was er predigt. Vergeblich rühmt sich der Gesetzeskenntnis, wer durch seine Taten zunichte macht, was er lehrt.

Die Apostel ‹redeten, wie es der Geist ihnen eingab› (Apg 2,4). Wohl dem, der redet, wie es der Geist ihm eingibt, und nicht, wie es sein eigenes Herz ihm sagt» *(Aus: Lektionar für die Feier des Stundengebetes, Proprium der Heiligen: 13. Juni, S. 291f.).*

Gedenktag des hl. Antonius von Padua: 13. Juni
Die Kirche betet:

Allmächtiger, ewiger Gott, du hast deiner Kirche im heiligen Antonius von Padua einen machtvollen Verkünder des wahren Glaubens und einen Helfer in der Not geschenkt. Gib, dass wir nach seinem Vorbild ein christliches Leben führen und in allen Nöten deine Hilfe erfahren. Darum bitten wir durch Jesus Christus, unseren Herrn, der in der Einheit des Heiligen Geistes mit dir lebt und herrscht in alle Ewigkeit. Amen.

Thomas von Aquin

Dominikaner, Professor, Berater der Päpste († 1274)

Geboren wurde Thomas 1225 in Roccasecca d'Aquino/ Neapel. Sein Vater Landolfo entstammte dem langobardischen Adel. Die Mutter von Thomas hieß Theodora, geborene Carraciolo. Sie war die zweite Frau des Landolfo. Mit fünf Jahren wurde Thomas von seinem Vater der Abtei Montecassino als Oblate übergeben. Thomas studierte an der Universität von Neapel, wo es zu ersten Kontakten mit dem jungen Dominikanerorden kam. Nach seinem Eintritt in den Orden im Jahre 1243/ 44 wurde er von seinen Oberen zum Studium generale nach Paris (so Wilhelm von Tocco) oder Köln (so Bartholomäus von Lucca) geschickt. Von 1248-1252 war Thomas in Köln Schüler des hl. Albertus Magnus, des bedeutendsten Lehrers der damaligen Zeit. In Köln wurde er auch zum Priester geweiht. Dann folgte sein Wirken als Baccalaureus (bis 1256) und seine erste Lehrtätigkeit (bis 1259) in Paris, wo auch schon die ersten kleineren Werke, z.B. De principiis naturae, De ente et essentia, erschienen.

1257 starb Thomas' Schwester Marotta; sie sei ihm erschienen und er habe sie über das Los eines verstorbenen Mitbruders und über das eigene Los befragt.

Nach drei Jahren der Lehrtätigkeit in Paris wirkte er als bedeutsamer Prediger und Lehrer in Italien. Der Papst aber spannte Thomas für verschiedenste Aufgaben ein, z.B. für die «Catena aurea», für die Erörterungen über die heiligste Eucharistie. Für Fronleichnam verfasste Thomas bekanntlich die ergreifenden Hymnen. Erst 1267 nahm er seine Lehrtätigkeit in Paris wieder auf. Darüber hinaus verrichtete er verschiedene Arbeiten im Orden und für den Papst. 1274 wurde er als Delegierter für das Zweite Konzil von Lyon berufen. Auf dem Weg dorthin erkrankte er so schwer, dass er am 7. März 1274 in Fossanuova bei Rom starb. Er übergab seine Seel Gott mit dem demütig frommen Bekenntnis zur Realpräsenz Christi in der Wegzehrung der Heiligsten Eucharistie: «Ich empfange Dich als Lösepreis meiner Seele, als Wegzehrung für meine Pilgerfahrt; aus Liebe zu Dir habe ich studiert, gewacht und mich abgemüht, Dich habe ich gepredigt und gelehrt».

Papst Johannes XII. sprach Thomas von Aquin 1323 heilig. Pius V. erhob ihn 1567 zum Kirchenlehrer (Dr. communis, Dr. angelicus). Papst Leo XIII. und das Zweite Vatikanum verpflichteten die Theologieprofessoren der Methode und den Prinzipien der Theologie des hl. Thomas von Aquin zu folgen. «Mit genialer spekulativer Begabung und logischer Architektonik verbindet Thomas einen ausgesprochenen Sinn für positive Studien, der sich namentlich in einem aufgeschlossenen Verständnis für die abendländischen und griechischen Väter kundgibt. Thomas ist in seinen Werken ganz auf das Sachliche eingestellt. Jeder unnützen Polemik abhold, sucht er überall einzig die Wahrheit. Seine im schönsten Sinn unpersönliche Art des Forschens und Arbeitens strahlt über sein Schrifttum wohltuende Ruhe und Abgeklärtheit aus. Unaufdringlich und doch auch mit ergreifender Wärme macht sich in den Werken des hl. Thomas auch ein mystischer Zug geltend, Licht und Wärme strahlen aus seinem Gott hingegebenen Seelenleben, einem Seelenleben voll Weisheit, Frieden und Liebe. Die Mystik der folgenden Jahrhunderte hat in der Gnadenlehre und Tugendlehre des hl. Thomas eine sichere theologische Orientierung gefunden.» (M. Grabmann) Thomas von Aquin hat das dominikanische Ideal verwirklicht: «Contemplata aliis

Thomas auf einem alten Stich mit seinen hagiographischen Attributen: Die Taube des Heiligen Geistes flüstert ihm ins Ohr, auf der Brust die Sonne der Weisheit. Im Hintergrund zwei Bücherbretter mit seinen Werken. Zu seiner Rechten die päpstliche Tiara und ein Buch, auf dem der Name Gregor X. steht. Dieser Papst führte den Vorsitz auf dem Konzil von Lyon, an dem Thomas hätte teilnehmen sollen. Doch er ist auf dem Weg nach Lyon gestorben. Das Spruchband trägt die Worte der Heiligsprechung: «Quot articulos, tot miracula – Jeder Abschnitt seines Werkes ist ein Wunder.» Thomas' linke Hand liegt auf einem Buch von Martin Bucer, aus dem eine Schlange hervorkommt. Bucer verriet den Dominikanerorden und schloss sich der Reformation an. Bucer sagte: «Tolle Thomas et dissipabo Ecclesiam - Entferne Thomas, und ich sprenge die Kirche» (vgl. Spruchband). (M. de Paillerets, Thomas von Aquin, München 1995)

tradere» (Was man durch Betrachtung und Studium in der Heiligen Schrift gelernt hat, den anderen weitergeben!)

Aus seinem Werk

Mahnbrief des hl. Thomas von Aquin an Frater Johannes über die Weise zu studieren:
«Da du mich gefragt hast, mein lieber Bruder Johannes, wie du studieren musst, um den Schatz der Wissenschaften zu gewinnen, möchte ich dir folgenden Rat geben:

Wähle den Weg über die Bäche und stürze dich nicht gleich in das Meer! Man muss durch das Leichtere zum Schwierigen gelangen. Das ist also meine Mahnung und Richtlinie für dich. Ich sage dir: sei bedachtsam im Reden und gehe bedachtsam in ein Gespräch. Erhalte dir die Reinheit des Gewissens. Höre nicht auf zu beten. Liebe deine Zelle, wenn du in den Weinkeller der Weisheit geführt werden möchtest. Zeige dich liebenswürdig gegenüber allen. Kümmere dich nicht um das Tun der anderen. Sei mit keinem zu vertraulich; denn zu große Vertraulichkeit bringt Geringschätzung ein und schafft Gelegenheit, sich dem Studium zu entziehen. Mische dich nicht in das Reden und Tun der Weltleute ein. Meide Streitgespräche, was immer auch beredet wird. Versäume nicht, den Spuren der Heiligen und der Guten zu folgen. Beachte nicht, von wem du etwas hörst, sondern, wenn Gutes gesagt wird, merke es dir. Was du liest oder hörst, bemühe dich zu verstehen. In Zweifeln verschaffe dir Gewissheit. Wenn du etwas in der Schatzkammer deines Geistes verschließen kannst, dann bemühe dich, wie ein Dürstender die Gefäße zu füllen. Suche nicht, was für dich zu hoch ist. Wenn du diese Bahn einschlägst, wirst du lebendig bleiben und nützliche Frucht bringen im Weinberg des Herrn der Scharen, solange du lebst. Und wenn du das befolgst, wirst du erreichen können, was du begehrst» *(Aus: Lektionar für die Feier des Stunden-gebetes I/4, Proprium der Heiligen: 28. Januar, S. 250f.).*

Aus den Sentenzen des hl. Thomas von Aquin über die Ordnung des Alls:

«Zwischen der Schöpfung und Gott ist ein zweifacher Bezug zu gewahren: einer, gemäß welchem die Geschöpfe durch Gott verursacht werden und von ihm als vom Ur-grund ihres Seins abhängen. Und so gesehen, berührt Gott, wegen der Unbegrenztheit seiner Kraft, unmittel-bar jegliches Ding, indem er es verursacht und im Sein bewahrt: hierauf bezieht es sich, dass Gott auf unmittel-bare Weise in allen Dingen ist – durch Wesenheit, Ge-genwart und Macht. Der andere Bezug ist der, gemäß welchem die Dinge zurückgeführt werden zu Gott als zu ihrem Ziel. Und so gesehen, findet sich ein Mittleres zwischen Gott und dem Geschöpf: weil die niederen Ge-schöpfe zu Gott geführt werden durch die höheren, wie Dionysius (Areopagita) sagt» *(Aus: Thomas von Aquin: Sentenzen über Gott und die Welt. Lateinisch – Deutsch, hrsg. von Josef Pieper, 2. Aufl., Einsiedeln/ Trier 1987, S. 51, 53).*

Gedenktag des hl. Thomas: 7. März (jetzt 28. Januar)

Die Kirche betet:

Gott, du Quell der Weisheit, du hast dem heiligen Thomas von Aquin ein leidenschaftliches Verlangen geschenkt, nach Heiligkeit zu streben und deine Wahrheit zu erfassen. Hilf uns verstehen, was er gelehrt, und nachahmen, was er uns vorgelebt hat. Darum bitten wir durch Jesus Christus, unseren Herrn, der in der Einheit des Heiligen Geistes mit dir lebt und herrscht in alle Ewigkeit. Amen.

Bonaventura

Franziskaner, Priester, Generaloberer,
Professor, Kardinalbischof († 1274)

Der hl. Bonaventura wurde 1221 in Bagnoreggio bei
Viterbo/Italien geboren und auf den Namen Johannes
Fidanza getauft. Als Kleinkind ganz schwer erkrankt,
wurde er wunderbar geheilt auf die Fürsprache des hl.
Franziskus. Dabei soll die Mutter staunend ausgerufen
haben, dass nun für das Kind gute Zeiten (bona ventura)
folgen. So erklärt sich sein Name ‹Bonaventura›.

Von 1236 bis 1242 absolvierte Bonaventura das Studium der Philosophie in Paris (Doctor phil.). Mit fünfundzwanzig Jahren trat er 1243 in den Franziskanerorden
ein. Nach intensiven theologische Studien (1250-1253)
promovierte er zum Doctor theol. Nach seiner Priesterweihe begann er seine Predigt- und Lehrtätigkeit.

Erwählt zum siebten Ordensgeneral (1257-1274), leitete er den Franziskaner-Orden für gewöhnlich von Paris aus, machte aber dazu auch notwendige Reisen, nach
England (1258, 1265), nach Flandern (1259), nach
Deutschland, nach Spanien (1264) und nach Italien
(Orvieto, Perugia, Viterbo und Rom). Überall predigte er
zum Volk und hielt entsprechende Vorträge vor dem Klerus und den Ordensleuten. Bis zu seiner Ernennung zum
Kardinal-Bischof von Albano am 20. Mai 1274 blieb
Bonaventura im höchsten Ordensamt. Diese Ernennung
erfolgte zu dem Zweck, auf dem Zweiten Konzil von Lyon
die Wiedervereinigung der Griechen mit Rom herbeizu-
führen. Vierzehn Tage nach dem erfolgreichen Abschluss
der Unionsverhandlungen starb Bonaventura im Alter von
sechsundfünfzig Jahren in Lyon (15. Juli 1274). 1482 wur-

de er durch Papst Sixtus IV. heilig gesprochen und von Papst Sixtus V. 1588 zum Kirchenlehrer (doctor seraphicus) promoviert. Bonaventura erwies sich in seinen bedeutendsten Werken als spekulativer Theologe von ganz großem Ausmaß. Er hat in wunderbarer Verbindung von theologischer Tiefe und mystischer Wärme ein theologisches Gemälde augustinischen Stils von ergreifender Schönheit geschaffen.

Aus seinem Werk

Aus dem Büchlein des hl. Bonaventura «Der Weg des Geistes zu Gott»:

«Christus ist der Weg und die Tür, Christus ist die Leiter, er ist das Gefährt, gleichsam der Gnadenthron auf der Bundeslade (vgl. Ex 25,17); er ist ‹das Geheimnis, das seit ewigen Zeiten verborgen war› (Kol 1,26).

Wer diesem Sühnezeichen sein Angesicht zuwendet, wer Christus, der am Kreuz hängt, anschaut mit Glaube, Hoffnung, Liebe, Hingabe, Bewunderung und Freude, Wertschätzung, Lob und Jubel, der begeht mit ihm das Pascha, den Übergang: er durchschreitet mit dem Stab des Kreuzes das Rote Meer. Er betritt von Ägypten aus die Wüste, wo er das verborgene Manna genießt und mit Christus im Grabe ruht. Äußerlich gleichsam gestorben, erfährt er, soweit es im Pilgerstand möglich ist, was am Kreuz dem Räuber, der Christus anhing, gesagt wurde: ‹Heute noch wirst du mit mir im Paradies sein› (Lk 23,43).

Soll dieser Übergang vollkommen sein, so muss der Geist alle Denktätigkeit einstellen und mit der höchsten Stufe seiner Liebe ganz zu Gott hinübergehen und in ihn verwandelt werden. Doch das ist das Geheimnis der Geheimnisse, das niemand kennt, der es nicht empfangen hat; das keiner empfängt, der sich nicht nach ihm sehnt; nach dem sich niemand sehnt, den das Feuer des Heiligen Geistes, das Christus auf die Erde gebracht hat, nicht bis ins Mark hinein entflammt. Darum sagt der Apostel, diese geheimnisvolle Weisheit sei durch den Heiligen Geist geoffenbart (1 Kor 2,10).

Fragst du, wie das geschieht, dann frage die Gnade, nicht die Lehre; die Sehnsucht, nicht den Verstand; das Stammeln des Gebetes, nicht das Studium der Lesung; den Bräutigam, nicht den Lehrer; Gott, nicht den Menschen; die Glut, nicht die Helligkeit; nicht das Licht, sondern das Feuer, das die Seele ganz entflammt und in ekstatischer Ergriffenheit und in glühenden Gemütsbewegungen zu Gott hinüberträgt.

Dieses Feuer ist Gott selbst, der ‹in Zion einen Feuerherd hat› (Jes 31,9). In ihm hat Christus die Glut seines brennenden Leidens entfacht. Das kann nur der verstehen, der mit Ijob (7,15) spricht: ‹Erwürgt zu werden zöge ich vor, den Tod diesem Totengerippe.› Wer diesen Tod liebt, kann Gott schauen; denn es ist ohne Zweifel wirklich so: ‹Kein Mensch kann Gott sehen und am Leben bleiben› (Ex 33,20).

Lasst uns also sterben und in das Dunkel hineingehen. Lasst uns den Sorgen, Begierden und Einbildungen Schweigen gebieten. Lasst uns mit dem gekreuzigten Christus aus dieser Welt zum Vater hinübergehen (Joh 13,1), auf dass er uns den Vater zeige und wir mit Philippus sagen können: ‹Das genügt uns› (Joh 14,8), und mit Paulus hören: ‹Meine Gnade genügt dir› (2 Kor 12,9).

Lasst uns mit David jubeln: ‹Auch wenn mein Leib und mein Herz verschmachten, Gott ist der Fels meines Herzens und mein Anteil auf ewig› (Ps 73,26). ‹Gepriesen sei der Herr in Ewigkeit! Amen, ja Amen› (Ps 89,53)»
(Aus: Lektionar für die Feier des Stundengebetes I/6, Proprium der Heiligen: 15. Juli, S. 254f.).

Gedenktag des hl. Bonaventura: 15. Juli

Die Kirche betet:

Gott, du ewige Weisheit und Liebe, gib uns die Gnade, dass wir nach dem Vorbild des heiligen Bonaventura beharrlich deine Wahrheit suchen und nach immer größerer Liebe streben. Darum bitten wir durch Jesus Christus, unseren Herrn, der in der Einheit des Heiligen Geistes mit dir lebt und herrscht in alle Ewigkeit. Amen.

Bonaventura nach einem Fresko von Fra Angelico in der Klosterkirche S. Marco in Florenz

Albert der Große

Dominikaner, Priester, Gelehrter,
Universitätsprofessor, Bischof († 1280)

Albert wurde um 1200 in Lauingen a.d. Donau/Bayern geboren. Wahrend des Studiums in Padua machte Albert Bekanntschaft mit dem ersten deutschen Dominikaner, dem seligen Jordan von Sachsen, der den jungen naturverbundenen Studenten in Padua in den Predigerorden aufnahm. Albert wurde nach Köln zur Fortsetzung seines Philosophie- und Theologiestudiums geschickt. In Köln empfing Albert die heiligen Weihen. Danach setzte er seine umfassende Ausbildung in den Dominikanerordensstudien zu Hildesheim, Freiburg, zu Regensburg und Straßburg fort. Albert war dann nach so gründlicher Ausbildung so umseitig und vielseitig gelehrt, so dass eine Chronik behaupten konnte, Albert sei groß in der Magie (hier: Naturwissenschaft), größer in der Philosophie, am größten aber in der Theologie geworden und habe sich den Beinamen «der Große» gar wohl verdient. Alberts Lieblingsschüler und Ordensmitbruder Ulrich von Straßburg widmete in seiner «Summa» seinem Lehrer Albert das folgende Lob: «Mein Lehrer, der Herr Albert, vormals Bischof von Regensburg, ist so Gott begnadet in jeglicher Wissenschaft, dass er ein Staunen erregendes Wunder unserer Zeit genannt werden kann.» Die ganze Lebenstätigkeit Alberts war – mit Ausnahme des nur ein gutes Jahr dauernden Bischofsamtes in Regensburg – dem Lehren und Forschen gewidmet.

Von 1254 bis 1257 war er Provinzial aller deutschsprachigen Dominikaner. Am 5. Januar 1260 war Albert zum Bischof von Regensburg von Papst Alexander IV. er-

Albert der Große, Universalgelehrter und Bischof von Regensburg. Portrait von Fra Angelico in San Marco zu Florenz

nannt worden. Albert erreichte nach einem Jahr wegen zu großer Schwierigkeiten die Demission vom Bischofsamt. Am 13. Februar 1263 wurde Albert von Papst Urban IV. zum Kreuzzugsprediger in Deutschland und Böhmen ernannt. Von 1264-1267 lehrte Albert in Würzburg, von 1267-1270 in Straßburg.

Zuletzt wirkte er die letzten zehn Jahre seines Lebens in Köln als Lehrer und Schiedsrichter. Am 15. November 1280 starb Albert im achtzigsten Lebensjahr in Köln in seiner Zelle im Konvent Heiligkreuz. Am 16. Dezember 1931 wurde Albertus Magnus heilig gesprochen und zum Kirchenlehrer promoviert durch Papst Pius XI. mit der Bulle «In thesauris sapientiae».

Aus seinem Werk

Aus dem Kommentar Alberts des Großen zum Lukasevangelium:

«‹Tut dies zu meinem Gedächtnis!› (Lk 22,19) An diesem Satz ist zweierlei zu beachten: Das eine ist der Auftrag, dieses Sakrament zu vollziehen, was mit den Worten gemeint ist: ‹Tut dies!› Das andere ist, dass das Sakrament ein Gedächtnis des Herrn ist, der für uns in den Tod geht.

Er sagt: ‹Tut dies!› Kein Auftrag ist nützlicher, liebevoller und heilsamer, keiner liebenswerter; kein Auftrag kommt dem ewigen Leben so nahe. Das soll nun im Einzelnen gezeigt werden.

Der Auftrag ist nützlich zur Vergebung der Sünden, und er ist im Leben das Nützlichste, um die Fülle der Gnade zu gewinnen. Der Vater der Geister unterrichtet uns in dem, was nützlich ist, um seine Heiligung zu erlangen (Hebr 12,10). Die Heiligung liegt in seiner Opferhingabe, das heißt darin, dass er sich im Sakrament für uns darbrachte und dass er sich uns hingab zum Genuss: ‹Für euch heilige ich mich› (Joh 17,19). Christus hat sich selbst durch den Heiligen Geist als makelloses Opfer Gott dargebracht. Er wird unser Gewissen von den toten Werken reinigen, damit wir dem lebendigen Gott dienen (Hebr 9,14). Nichts Liebevolleres können wir tun. Denn was könnte liebevoller sein als das, worin Gott uns gegenüber seine ganze Güte zeigt?

Kein Auftrag konnte besser sein für unser Heil. Denn dieses Sakrament ist die Frucht des Lebensbaums. Wer mit Hingabe und aufrichtigem Glauben davon isst, wird auf ewig den Tod nicht erleiden (Joh 8,52): ‹Ein Lebensbaum ist die Weisheit für jeden, der nach ihr greift, und wer sie festhält, ist glücklich zu preisen› (Spr 3,18). Und: ‹Jeder, der mich isst, wird durch mich leben› (Joh 6,57).

Kein Auftrag könnte liebenswerter sein. Denn dieses Sakrament wirkt Liebe und Einheit. Es ist höchstes Zeichen der Liebe, dass er sich selbst zur Speise reicht: ‹Meine Zeltgenossen müssen gestehen: wer gäbe uns von seinem Fleisch, um satt zu werden› (Ijob 31,31)? Es ist, als sagte er: So sehr habe ich sie geliebt und sie mich; ich verlangte danach, in ihrem Herzen zu sein, dass sie mich so genießen, um meinem Leib angegliedert zu werden. Nicht inniger und natürlicher konnten sie mit mir vereinigt werden und ich mit ihnen.

Kein Auftrag könnte dem ewigen Leben näher kommen. Denn die ununterbrochene Dauer des ewigen Lebens kommt daher, dass Gott mit seiner Güte sich selber den in der Seligkeit Lebenden einflößt» *(Aus: Lektionar für die Feier des Stundengebetes, Proprium der Heiligen: 15. November, S. 289-291).*

Gedenktag des hl. Albert des Großen:
15. November

Die Kirche betet:

Gott, du Quelle aller Weisheit, du hast dem heiligen Bischof Albert die Gabe geschenkt, das Wissen seiner Zeit und den Glauben in Einklang zu bringen. Gib uns die Weite seines Geistes, damit der Fortschritt der Wissenschaft uns hilft, dich tiefer zu erkennen und dir näher zu kommen. Darum bitten wir durch Jesus Christus, unseren Herrn, der in der Einheit des Heiligen Geistes mit dir lebt und herrscht in alle Ewigkeit. Amen.

*Bischofssiegel des hl. Albert des Großen,
des Bischofs von Regensburg*

Katharina von Siena

Mitglied des Dritten Ordens des hl. Dominicus,
Berater des legitimen Papstes, Mystikerin († 1380)

Caterina Benincasa, im deutschen Sprachraum vor allem als Katharina von Siena bekannt, wurde am 25. März 1347 zu Siena in der Rione Fontebranda (Toskana) als vorletztes von fünfundzwanzig Kindern geboren. Ihre Zwillingsschwester Giovanna starb kurz nach der Geburt. Katharinas Vater Jacopo Benincasa war Färber von Pelzen, ihre Mutter Lapa war Tochter des Messerschmiedes Nuccio Piagenti. Die soziale und wirtschaftliche Situation der Familie Benincasa war guter Durchschnitt, es konnte sogar noch ein Ziehsohn, nämlich der spätere Dominikaner Tommaso della Fonte, miternährt werden.

Katharina scheint von Anfang an in ihrem Leben hochbegnadet gewesen zu sein. Mit sechs Jahren hatte sie eine erste Christusvision. Mit zwölf Jahren sollte sie auf Wunsch der strengen Eltern heiraten und ihre religiösen und asketischen Übungen zurückstellen. Katharina aber blieb bei ihrer von Gebet und Buße erfüllten jungfräulichen Lebensweise.

1363 wurde sie Mitglied des Dritten Ordens des hl. Dominikus. Ihre Persönlichkeit ist von spannungsgeladenem Charakter. Immer kränkend (auch durch übertriebene Askese schon in der Kindheit und Jugend), dabei rastlos tätig für die Armen und Kranken, denen sie Trösterin, Helferin und Beraterin in allen Schwierigkeiten war. In der Kraft Gottes fühlte sie sich berufen, dem Papst, Kardinälen, Bischöfen, Staatsmännern und Politikern unerschrocken und mutig ins Gewissen zu reden,

*Katharina von Siena. Fresko in S. Domenico Siena, von
Andrea Vanni, ihrem Schüler (W. Schamoni, Das wahre
Gesicht der Heiligen, Christiana, Stein am Rhein 1966)*

zur Versöhnung zu mahnen, in einer Zeit, die von Mord, Hass und Bürgerkriegen aufgewühlt war. Sie stiftete Frieden zwischen Menschen und Städten und bemühte sich um die Rückkehr des Papstes von Avignon nach Rom. Dies gelang ihr auch.

Als aber Papst Urban VI. von gewissen Seiten nicht als rechtmäßig gewählt anerkannt wurde und das große abendländische Schisma im Jahre 1378 auszubrechen begann, stellte sie sich eindeutig auf die Seite Urbans VI. und forderte laut dessen Anerkennung. Sie redete, kämpfte, opferte, sühnte und betete für die Kirche und ihre Einheit. Ihr Leben war voll von mystischen Erlebnissen, ihre Schriften sind voll von mystischer Theologie: 1366 erfolgte ihre mystische Vermählung mit Christus, am 1. April 1375 ihre Stigmatisierung. Von 1378 bis zu ihrem Tod lebte sie nur noch von der Heiligsten Eucharistie. Papst Urban VI. rief sie nach Rom, damit sie ihn berate. In Rom lebte sie die letzten zwei Lebensjahre in einem bescheidenen Raum neben dem Dominikanerkloster Sancta Maria sopra Minerva, dort starb sie am 29. April 1380 im dreiunddreißigsten Lebensjahr. In der Kirche Sancta Maria sopra Minerva ist sie auch begraben. Sie wurde am 29. Juni 1461 heilig gesprochen.

Pius IX. ernannte Katharina am 13. April 1866 zur Conpatronin Roms. 1939 erklärte Pius XII. Katharina und Franziskus zur Patronin bzw. zum Patron Italiens. Paul VI. erhob Katharina zusammen mit Teresia von Avila zur Kirchenlehrerin.

Aus ihrem Werk

Aus Katharinas «Buch der göttlichen Vorsehung», die ihre mystische Ergriffenheit vom Dreifaltigen aufzeigt:
«O ewige Gottheit, o ewige Dreieinigkeit! Du hast bewirkt, dass das Blut Deines einzigen Sohnes durch die

Vereinigung mit der göttlichen Natur ein so wertvoller Preis ist! Du ewige Dreifaltigkeit, bist ein tiefes Meer, in welchem ich immer Neues entdecke, je länger ich suche; und je mehr ich finde, desto mehr suche ich Dich. Gleichsam auf unersättliche Weise sättigst Du die Seele; denn in Deinem Abgrund sättigst du die Seele so, dass sie doch immer noch hungrig bleibt, nach Dir, ewige Dreifaltigkeit, verlangt und sich danach sehnt, Dich, das Licht, in Deinem Licht zu schauen (Ps 36,10).

Ich kostete und schaute mit dem Licht der Vernunft in Deinem Licht Deinen Abgrund, ewige Dreifaltigkeit, und die Schönheit Deiner Schöpfung. Darum hüllte ich mich ein in Dich wie in ein Gewand und sah, dass ich Dein Bild sein werde. Denn, ewiger Vater, Du schenktest mir von Deiner Macht und von Deiner Weisheit, von der Weisheit, die Deinem Eingeborenen eigen ist, und der Heilige Geist, der von Dir, dem Vater, und von Deinem Sohn ausgeht, hat mir die Willenskraft verliehen, durch die er mich fähig macht zu lieben. Du, ewige Dreifaltigkeit, bist der Schöpfer, ich bin das Geschöpf. Durch das Blut deines eingeborenen Sohnes hast Du mich neu geschaffen; daran erkenne ich, von Dir erleuchtet, dass Du von der Schönheit Deines Geschöpfes ergriffen bist.

O Abgrund, o ewige Dreifaltigkeit, o Gottheit, o tiefes Meer! Was konntest Du mir Größeres geben als Dich selbst! Du bist das ewig brennende Feuer, das sich nie aufzehrt, doch mit seiner Glut alle Eigenliebe der Seele verzehrt. Du bist das Feuer, das alle Kälte wegnimmt und mit seinem Licht die Geister erleuchtet, mit dem Licht, in dem Du mir Deine Wahrheit zu erkennen gabst.

Im Spiegel dieses Lichtes erkenne ich Dich, das höchste Gut, das Gute über allem Guten, das selige Gute, das unermessliche Gute, das unschätzbare Gute; die Schönheit über aller Schönheit, die Weisheit, größer als jegliche Weisheit. Du Speise der Engel, Du, der sich den Menschen schenkt im Feuer der Liebe. Du bist das Gewand, das meine Nacktheit bedeckt; da wir hungern, gibst Du uns die Speise Deiner Süße; denn süß bist Du ohne alle Bitterkeit. O ewige Dreifaltigkeit!» *(Aus: Lektionar für die Feier des Stundengebetes II/3, Proprium der Heiligen: 29. April, S. 268f.)*

Aus Katherinas Gebet vom 18. Februar 1379:
«O hohe, ewige Dreifaltigkeit, unergründliche Liebe! Wenn Du mich Tochter nennst, nenne ich Dich höchster und ewiger Vater. Wie Du in der Anteilgabe an Leib und Blut Deines eingeborenen Sohnes Dich selbst als ganzer Gott und ganzer Mensch mir schenkst, so bitte ich Dich, unauslotbare Liebe, mir auch Anteil am mystischen Leib Deiner heiligen Kirche und am allumspannenden Leib der Christenheit zu geben. Denn im Feuer Deiner Liebe habe ich erkannt, dass die Seele sich an dieser Speise nach Deinem Willen ergötzen soll» *(Aus: Caterina von Siena, Meditative Gebete, hrsg. von P. H. Barth OP, 2. Aufl., Einsiedeln 1981, S. 90f.).*

Gedenktag der heiligen Katharina: 29. April

Die Kirche betet:
Allmächtiger, ewiger Gott, du hast der heiligen Katharina von Siena das Leiden Christi und die Wunden seiner Kirche vor Augen gestellt. Im Dienst an der Kirche wurde ihre Liebe zu einem lodernden Feuer. Mache auch uns, die wir zu Christus gehören, bereit, die Leiden seiner Kirche mitzutragen, damit einst seine Herrlichkeit an uns offenbar wird. Darum bitten wir durch Jesus Christus, unseren Herrn, der in der Einheit des Heiligen Geistes mit dir lebt und herrscht in alle Ewigkeit. Amen.

Teresa von Avila

Ordensfrau, Reformatorin, Schriftstellerin († 1582)

Teresa wurde als Tochter des Alfonso Sanchez de Cepeda geboren, der in zweiter Ehe sich mit der adeligen Beatrice de Alumada vermählte, die ihm neun Kinder gebar, von denen Teresa das dritte war. Sie wurde am 28. März 1515 in der in die Römerzeit zurückreichenden, heute 44.000 Einwohner zählenden Stadt Avila (Kastilien) geboren. Der tatkräftige, freigebige, fromme und strenge Vater liebte seine Gattin, die adelige Dona Beatrice de Alumada sehr; sie starb aber bereits dreiunddreißigjährig im Jahre 1528, als Teresa erst dreizehn Jahre alt war. «Sie besaß viele Tugenden, ihr Leben floss unter schweren Leiden dahin», so schreibt Teresa über ihre Mutter.

Bezeichnend für das fromm erzogene Mädchen ist die Tatsache, dass sie sich beim Tod der geliebten Mutter der seligsten Jungfrau Maria weihte und diese bat, fortan ihre Mutter zu vertreten. Die Kindheit Teresas verlief im übrigen relativ in ruhigen Bahnen, umgeben vom treu besorgten Vater und mehreren Geschwistern, darunter ihr Lieblingsbruder Alonso, mit dem sie eines Tages aus dem Elternhaus flüchtete, um bei den Mauren das Martyrium zu erleiden. Dieser kindliche Abenteurergeist war das Ergebnis der Lektüre, denn Teresa las neben Heiligenleben leidenschaftlich gern die damals beliebten Ritterromane. Der ungünstige Einfluss, den neben dieser Lektüre eine leichtlebige Freundin auf Teresa ausübte, weckte im Vater die Sorge um die heranreifende Lieblingstochter. Er übergab sie deshalb für ein Jahr den Augustinerinnen im Kloster St. Maria de la Grazia in Avila zur Erziehung. In der Berufsfrage schwankte die junge Teresa zwischen

Hl. Teresa von Avila, Kirchenlehrerin

Ehe und Ordensberuf. Der Einfluss der Lektüre des 1527 erschienenen «Abecedario espiritual» - des P. Francesco de Osuma und der Briefe des heiligen Kirchenvaters Hieronymus brachte schließlich in Teresa die Entscheidung für den Ordensberuf. Sie trat am 2. November 1535 in das Karmelkloster von der «Menschwerdung» in Avila ein. Nach dem einjährigen Noviziat legte sie am 3. November 1536 die Ordensprofess ab. Ihr Ordensname war nun Teresa von Jesus.

Nach schwerer Erkrankung und unguten zerstreuenden Unterhaltungen mit Freundinnen, die auf den Ordensberuf Teresas negativ wirkten, kam dann die «Bekehrung». Diese wurde vor allem durch mehrere Faktoren ausgelöst: Der Tod des Vaters (1543), die Lektüre der «Bekenntnisse des hl. Augustinus», dann eine ergreifende Erscheinung des göttlichen Schmerzensmannes in einer tiefbeeindruckenden Vision, einige Ekstasen, vertieftes Gebet und bessere Seelenführung durch heilige Beichtväter.

Zuletzt erwachte in Teresa immer dringender der Wunsch, das Leben im Kloster und das Streben nach Vollkommenheit ganz ernst zu nehmen und die Klöster ihres Ordens zu reformieren und zur ursprünglichen Strenge zurückzuführen. Hier begann dann in drei verschiedenen Phasen Teresas Arbeit an der Gründung mehrerer Reformklöster ihres Ordens, mit dem Kloster San Jose in Avila an der Spitze. Die dabei auftauchenden, ganz großen Schwierigkeiten meisterte Teresa vor allem durch die Mithilfe heiliger Priester, voran der Hilfe des hl. Johannes vom Kreuz, des hl. Franz Borgia, des hl. Petrus von Alcantara.

Es sei neben der mühsamen Reformarbeit und den siebzehn Klostergründungen auf die Schriften der Heiligen Teresa hingewiesen, es sind fünf große und neun kleine Werke. Teresa starb am 4. Oktober 1582 in Alba de Torures. Sie wurde von Papst Gregor XV. am 24. April 1619 selig und am 12. März 1622 heilig gesprochen.

Zu ihem heiligen Leben gehört untennbar ihre bedeutsame Lehre: Teresa hat das gesamte mystische Leben, von dem die Kirchenväter nur vereinzelt und stückweise handeln, in einem abgeschlossenen System dargestellt und selbst erlebt. Teresa hat die seelische Seite im mystischen Erleben einzigartig beschrieben.

Man hat sie mit Recht «Meisterin der Psychologie der Mystik» genannt. Über alle Mystiker hinaus erstieg sie die höchste auf Erden erreichbare Stufe mystischer Gottvereinigung. Ihre Darstellung zeichnet sich durch besondere Klarheit aus. Wenn noch die Persönlichkeit Teresas, die am 4. Oktober 1582 in Alba de Torures mit den letzten Worten «Schließlich bin ich eine Tochter der Kirche» auf den Lippen starb, geschildert werden soll, so sei zuerst P. A. Mager, ein guter Kenner ihrer Persönlichkeit zitiert: «Teresa von Avila war ebenso groß als Mensch wie als Heilige. Der Zug ins Große, Geniale, Heroische (vergleiche ihr Gelübde, stets das Vollkommenere zu tun) lag ihr im Blute. Sie war aufgeschlossen für alles Wahre, Schöne, Gute und Heilige, assimilationsfähig, ursprünglich und schöpferisch. Sie lebte ganz in ihrer Gottes- wie Nächstenliebe. Ihre Frömmigkeit hat nichts Düsteres, Weltverneinendes, atmet vielmehr Liebe und Freude für alles und alle, sie ist eine der vollendetsten, harmonischsten Persönlichkeiten, von seltener Autorität und Organisationsgabe, mit ausgeprägter Anlage zu Gemeinschaft und Freundschaft.

Obwohl nicht wissenschaftlich gebildet, erfasste sie die tiefsten theologischen Wahrheiten mit gnadenhafter Intuition. Ihre Mystik, von einer wunderbaren Sinnerfülltheit und Folgerichtigkeit, steht unübertroffen da. Nach einem Wort Bossuets hat Teresa allein in der Mystik dieselbe Bedeutung wie Thomas von Aquin in der Dogmatik. Spanien verehrt in Teresa nicht bloß seine Landesheilige, sondern eine Klassikerin seiner Sprache und Literatur von köstlichem Naturempfinden.

Verschiedene kirchliche Kundgebungen stellen sie den Kirchenlehrern an Bedeutung gleich. In Spanien wird sie auf Altären als «Doctora mystica» mit den Insignien der theologischen Doktorwürde dargestellt. Und noch 1922 ernannte die Universität Salamanca Teresa von Avila zum Ehrendoktor der Theologie.» Papst Paul VI. sagte am 27. Sepember 1970 in seiner Homilie zur Promotion der hl. Teresa von Avila zur Kirchenlehrerin:

«Der Name dieser einzigartigen und überragenden Persönlichkeit erweckt in jedem von uns eine Fülle von Gedanken: das Nächstliegende – der Blick auf die Persönlichkeit dieser Teresa. Sie steht vor uns als eine in jeder Weise außergewöhnliche Frau. Ordensfrau, ganz Demut, Buße und Einfachheit, sie ist von intensiver Ausstrahlungskraft durch ihre leuchtende menschliche Vitalität und ihr glühendes geistliches Leben. Sie erneuert, ja gründet von neuem einen bedeutenden Orden, dessen Wurzeln weit in die Geschichte zurückreichen. Literarischer Genius, von unglaublicher Fruchtbarkeit, Lehrerin des geistlichen Lebens, eine Kontemplative wie kaum eine zweite und trotzdem unermüdlich tätig. Eine große, eine einmalige und doch so menschliche und anziehende Persönlichkeit.»

Das Geheimnis der Harmonie in Teresas Persönlichkeit liegt in den Worten, mit denen sie sich selbst zu stärken pflegte:

«Nichts soll dich ängstigen, nichts dich erschrecken. Alles geht vorbei, geht vorüber, Gott allein bleibt derselbe, Geduld erreicht alles, wer Gott besitzt, dem kann nichts fehlen. Gott allein genügt!»

Aus ihrem Werk

Aus dem Buch Teresas von Avila über den Weg der Vollkommenheit:

Wie gefühllos und unbesonnen auch einer sein mag: wenn er von einem ernsten und angesehenen Mann etwas erbitten will, denkt er nach und legt sich eine gefällige Rede zurecht, die diesem gefällt und ihn nicht ärgert oder belästigt. Er überlegt außerdem, worum er bitten soll und wozu er das nötig hat, um was er bitten wird. Besonders, wenn er um etwas Einzigartiges und Großes anhält, überlegt er sich, wie Jesus uns zu bitten lehrt. Darauf kommt es meines Erachtens vor allem an. Herr, konntest du nicht das Ganze in einen Satz zusammenfassen und sagen: Vater, gib uns, was für uns gut und angemessen ist? Weiterer Worte scheint es doch nicht zu bedürfen, besonders bei Gott, der alles so gut und vollkommen erkennt» *(Aus: Lektionar für die Feier des Stundengebetes I/6, Im Jahreskreis: 15. Woche – Dienstag, S. 55).*

Gedenktag der heiligen Teresa von Avila: 15. Oktober

Die Kirche betet:

Allmächtiger Gott, du hast die heilige Teresa von Avila durch deinen Geist erweckt und sie der Kirche als Lehrmeisterin des Weges zur Vollkommenheit geschenkt. Gib, dass wir in ihren Schriften Nahrung für unser geistliches Leben finden. Durchdringe uns mit der Gewissheit, dass du allein genügst, und entzünde in uns das Verlangen nach Heiligkeit. Darum bitten wir durch Jesus Christus, unseren Herrn, der in der Einheit des Heiligen Geistes mit dir lebt und herrscht in alle Ewigkeit. Amen.

Johannes vom Kreuz

Ordenspriester, Karmelit, Dichter, Mystiker († 1591)

Geboren wurde Johannes vom Kreuz 1542 in Fontiveros, im spanischen Avila, als drittes Kind des verarmten adeligen Seidenwebers Gonzalo de Ypes und dessen Gattin Catalina Alvarez. Der Vater starb als Johannes noch nicht drei Jahre alt war. Die Mutter übersiedelte mit den Kindern nach Medina del Campo (Valladolid). Dort ging Johannes im «Collegio de las doctrinas» zur Schule.

Dann begann er bestimmte Handwerkslehren (Tischlerei, Schneiderei, Malerei), musste aber wegen fehlender Gesundheit und Eignung die jeweilige Lehre abbrechen. Schließlich wurde Johannes im Kolleg der Jesuiten in Medina zugelassen, trat dann aber nicht bei den Jesuiten ein, sondern 1563 mit einundzwanzig Jahren bei den Karmeliten in ihrem St. Anna-Konvent zu Medina; er erhielt als Novize den Namen Frater Matthias.

Nach dem Noviziat folgte in den Jahren 1564-68 das Philosophie- und Theologiestudium. 1567 empfing er die Priesterweihe und feierte in Medina del Campo die Primiz. Dort kam es im Herbst 1567 zur ersten, überaus folgereichen Begegnung mit der Karmelitin Teresa von Avila. Mit dieser zusammen wurde Johannes zum Reformator der weiblichen und männlichen Karmelklöster und zum Gründer mehrerer Klöster der Unbeschuhten Karmeliten. Diese Aufgabe trug den beiden Heiligen, Johannes vom Kreuz und Teresa von Avila, große Schwierigkeiten, Verkennung und Verleumdung ein, dem hl. Johannes vom Kreuz sogar eine neunmonatige klösterliche Kerkerhaft in Toledo. Aber die Reform des Karmels hatte Erfolg, wie sich in der folgenden Geschichte des reformierten Ordens zeigt, der zahlreiche Heilige aufweisen kann.

Johannes vom Kreuz selbst reifte zum großen Mystiker, Dichter, Schriftsteller und Heiligen heran.

Ein guter Kenner dieses Heiligen, A. Mager, charakterisierte ihn so: Johannes vom Kreuz war klein von Gestalt, doch voll Adel in Ausdruck und Gebärde, von fein empfindender dichterischer Anlage, war nach innen gekehrt, dem Beschaulichen zugewandt, indes allem Fantastischen abhold, auf das Praktische gerichtet, nur das eine «Notwendige» anstrebend. Eine harte Jugend drückte seinem Wesen einen herben Ernst auf. Seine unerbittliche asketische Strenge reizte die heilige Teresa von Avila zu liebenswürdiger Ironie. Im Umgang mit anderen war er nachsichtig und gütig, seine gründliche philosophisch-theologische Bildung ausgeprägt thomistischer Ausrichtung, wandte er sich der Erfassung tiefster mystischer Erfahrungen zu.

Dabei reifte er in schwersten Läuterungsleiden zum vollendeten Heiligen heran. Er starb im neunundvierzigsten Lebensjahr in der Mitternacht vom 13. zum 14. Dezember 1591 in Ubeda.

Selig gesprochen wurde Johannes vom Kreuz durch Papst Benedikt XIII., heilig gesprochen wurde er am 26. Dezember 1726. Johannes wurde zum Kirchenlehrer promoviert durch Papst Pius XI. mit dem apostolischen Schreiben «Die vicesima septima» vom 24. August 1926. Darin wird betont, Johannes vom Kreuz habe als «Doctor mysticus» Schriften über die mystische Theologie verfasst, die von überirdischer Weisheit zeugen.

Aus seinem Werk

Aus den Dichtungen des Johannes vom Kreuz:
«O Flamme lebendigen Lebens,
die zart meine Seele entzündet
in ihrem tiefen Grunde:
Schon lohest du, nicht vergebens.
Schon ist, wie vorverkündet,
verzehrt, was uns verwebt in innigem Bunde.
O süße Versehrung! O Wunde,
zartestes aller Zeichen!
Sanfteste Hand, die dies Geschenk gegeben!
Ewigen Lebens Kunde wird alle Schuld begleichen,
tötend, den Tod verwandelnd in das Leben.
O Lampen voll Feuergefunkels,
in die Höhlen der blinden, getrübten Sinne
niederscheinend, durchstrahlend die Schatten des
Dunkels
und für den Geliebten Schönheit mit Licht und Wär
me seltsam einend.
Wie du, der heimlich im Innern allein in mir wohnt,
der Verhüllte, Augen aufschlägst aus der Nacht!
Wie dein Anhauch aus süßem Erinnern,
der mit Wohltun und Glorie gefüllte,
mich liebt und dich lieben macht!»
*(Aus: Lektionar für die Feier des Stundengebetes
Weihnachtszeit: 4. Januar, S. 169f.).*

Gedenktag des heiligen Johannes vom Kreuz:
14. Dezember

Die Kirche betet:
*Allmächtiger Gott, du hast dem heiligen Johannes
vom Kreuz ein großes Verlangen geschenkt, sich selbst
zu verleugnen und Christus nachzufolgen. Gib, dass*

auch wir im Kreuz unser Heil erkennen und durch das Kreuz die Gnade erlangen, deine Herrlichkeit zu schauen. Darum bitten wir durch Jesus Christus, unseren Herrn, der in der Einheit des Heiligen Geistes mit dir lebt und herrscht in alle Ewigkeit. Amen.

Portrait des hl. Johannes vom Kreuz in der Kirche der unbeschuhten Karmeliter von Segovia, Spanien

Petrus Canisius

Ordenspriester, Schriftsteller,
Administrator, Kirchenpolitiker († 1597)

Petrus wurde am 8. Mai 1521 in Nymwegen, in Geldern, als erstes von drei Kindern des Bürgermeisters Jakob Kanis und der Ägidia van Houweningen geboren. Nach einem Gymnasialstudium in Köln und Kirchenrechtsstudien in Loewen promovierte er in Köln in Philosophie zum Dr. phil. Theologie studierte er ebenfalls in Köln. Im April 1543 hatte er Exerzitien beim seligen Petrus Faber. Bereits am 8. Mai 1543 trat er in den neuen Orden der Gesellschaft Jesu ein. Nach seiner Priesterweihe (Juni 1546) wirkte er als Kanzelredner und 1547 als Konzilstheologe in Trient. Am 4. September 1549 hat Petrus seine ewige Profess in Rom abgelegt. Nach einer sehr kurzen Lehrtätigkeit in Messina promovierte er zum Dr. theol. in Bologna. Von 1549 bis 1562 war er als Dozent und Prediger unermüdlich in Ingolstadt, in Prag, in Augsburg, in Innsbruck und Wien tätig. Schließlich verbrachte er siebzehn Jahre in Fribourg (Schweiz), bevor er am 21. Dezember 1597 in Fribourg starb. Am 21. Mai 1925 wurde Petrus Canisius von Pius XI. heilig gesprochen und zum Kirchenlehrer promoviert.

Der zweite Apostel Deutschlands – so wurde Petrus Canisius von Papst Leo XIII. mit Recht genannt – nahm schon in seiner Kindheit durch die gläubigen Eltern, dann in seiner Studienzeit in Köln durch gute Priester (Nikolaus van Esche, Gerhard Kalkbrenner, Justus Lansperger) und erst recht nach seinem Eintritt in die Gesellschaft Jesu ganz starke Christus- und Marienliebe in sich auf. Er wollte dafür dann viele Menschen gewinnen. Vor allem war er ein wahrhaft innerlich ergriffener Bewunderer der unvergleichlichen Jungfrau, wie er sie in einem großen Werk betitelt hat. Man darf ihn sogar mit vollem Recht einen Hauptverteidiger und Förderer der Marienverehrung in der Reformationszeit nennen.

Als Petrus Canisius im Sommer 1546 in Köln zum Priester geweiht worden war und am 4. September 1549 vor dem Ordensstifter Ignatius von Loyola in der Kirche Sancta Maria della Strada in Rom die feierliche Ewige Profess abgelegt und die Berufung für Deutschland erhalten hatte, empfing er für seine Sendung die Weihe an das göttliche Herz Jesu und den besonderen Segen Mariens. Dann begann seine fast fünfzig Jahre während de apostolische Tätigkeit, die ihn durch deutschsprachigen Länder führte, unermüdlich tätig als Lehrer, Berater, Prediger, Organisator und Kirchenpolitiker. Er sah dabei in der Neubelebung echter Marienfrömmigkeit den besten Weg, um möglichst viele in die Irre gegangenen und abgefallenen Christen zu Christus und seiner Kirche zurückzuführen. Besonders interessant sind die Bekenntnisse des Petrus Canisius (um 1570) und sein geistliches Testament (um 1596); darin lässt der sonst bei persönlichen Fragen ungemein Wortkarge den Grundzug seines Lebens und Arbeitens erkennen: Eine beständige Verbindung mit Gott und das Wissen um die am 2. September 1549 in der Peterskirche in Rom in einer Vision zugeteilte Beauftragung, sich für die Kirche in Deutschland einzusetzen.

Man kann den hl. Petrus Canisius mit Recht den Kirchenlehrer der Religionspädagogik und Katechetik und den begeisterten Verkünder echter Christus- und Marienliebe nennen. Bezeichnend ist sein Sterben in Fribourg. Nachdem er die hl. Sakramente empfangen und aus seinem Andachtsbüchlein das Gebet um einen guten Tod verrichtet hatte, betete er noch den Rosenkranz, plötzlich wies er mit der Hand auf eine Stelle im Sterbezimmer hin und sagte mit heiterer Miene: «Seht ihr sie, seht ihr sie?» Nur noch wenige Augenblicke vergingen am 21. Dezember 1597 und er war drüben bei der vielgeliebten Jungfrau und Mutter, deren Verehrung er so tapfer verteidigt hatte.

Hl. Petrus Canisius, der zweite Apostel Deutschlands

Aus seinem Werk

Aus seinem Geistlichen Testament:

«Es gefiel Deiner unendlichen Güte, Heiliger Vater und Ewiger Hoherpriester, dass ich Deine Apostel, die in der Vatikanischen Basilika verehrt werden und die mit Deiner Gnade so große Wunder wirken, innig anflehte, sie möchten dem Apostolischen Segen des Papstes beständige Wirkkraft verleihen. Ich verspürte einen großen Trost und die Gegenwart Deiner Gnade, die Du mir durch ihre Fürbitte huldvoll zuteil werden ließest. Auch sie segneten und bestätigten meine Sendung nach Deutschland, und es war mir, als ob sie mir, der ich gleichsam zum Apostel für Deutschland bestellt wurde, ihren gütigen Beistand verheißen wollten. Du weißt, o Herr, wie sehr und wie oft Du mir an eben diesem Tag Deutschland anvertraut hast, für das ich beständig Sorge trage und all meine Kräfte einsetzen sollte. Mein Verlangen war, für Deutschland zu leben und zu sterben und ich sollte so mit dem Engel der Deutschen (dem hl. Michael) gleichsam zusammenarbeiten.»

Gedenktage des hl. Petrus Canisius:
21. Dezember, 27. April

Die Kirche betet:
Herr, unser Gott, du hast den heiligen Petrus Canisius berufen, in Wort und Schrift den katholischen Glauben kraftvoll zu verteidigen. Höre auf seine Fürsprache. Lass alle, die nach der Wahrheit suchen, dich finden und erhalte deine Gläubigen im Bekenntnis zu dir. Darum bitten wir durch Jesus Christus, unseren Herrn, der in der Einheit des Heiligen Geistes mit dir lebt und herrscht in alle Ewigkeit. Amen.

Laurentius von Brindisi

Kapuziner, Ordenspriester,
Klostergründer, Kirchenpolitiker († 1619)

Der am 22. Juli 1559 in Brindisi geborene und auf den
Namen Julius Caesar getaufte Kapuziner-Ordenspries-
ter Laurentius von Brindisi wurde nicht nur wie Julius
Caesar ein Feldherr, und zwar gegen die Türken, sondern auch ein gewiegter Diplomat im Dienste des Papstes. Vor allem aber wurde er ein theologisch überaus
gebildeter und dabei kindlich frommer Kapuziner, der die
selige Jungfrau Maria innig liebte, ihr viel verdankte und
über sie in der Form von Predigten eine biblisch fundier-
te und sprachlich schöne, die gesamten marianischen
Wahrheiten umfassende Mariologie in seinem berühmt
geworden «Mariale» geschrieben hat. Maria hat
Laurentius seine Mutter Elisa Masella ersetzt, die er
bereits mit 14 Jahren verloren hat, zwei Jahre nachdem
sein Vater Petrus Russo gestorben war. Der Bruder des
Vaters, Weltpriester in Venedig, nahm sich des Waisen-
knaben an. Am 18. Februar 1575 trat der fünfzehnjährige
Russo als Novize bei den Kapuzinern in Venedig ein. Nach
seiner Priesterweihe (18. Dezember 1582) war Laurentius Provinzial, Generaldefinitor, dann Generaloberer.
Er gründete Kapuzinerklöster in Innsbruck (1592), in
Salzburg (1596), in Graz und Wien (1600). Er war Päpstlicher Legat im Kampf gegen die Türken und bei schwierigen Auseinandersetzungen:

Im Auftrag des Papstes rief Laurentius von Brindisi
die deutschen Fürsten zur Abwehr der Türken auf. Am
Sieg von Stuhlweissenburg in Ungarn (11. Oktober 1601)
hatte Laurentius von Brindisi wesentlichen Anteil. Er half
auch Maximilian I. von Bayern bei der Durchsetzung

kirchlicher Rechte sowie bei der Aufstellung der Liga der katholischen deutschen Fürsten zur Erhaltung des Reichsland-Friedens, des Reichs-Religionsrechtes und zum Schutz der katholischen Religion.

Wohl wissend, dass im Theologiestudium der Verstand allein nicht genügt, ging Laurentius von Brindisi nie ohne demütiges Gebet an das Studium heran. Seine besondere Liebe galt dem Bibelstudium. Um die Heilige Schrift im Urtext lesen zu können, verlegte er sich mit großem Eifer auf das Studium der hebräischen, chaldäischen, syrischen und griechischen Sprache, die er schließlich so vollkommen beherrschte, dass später die Juden, denen er in Rom im Auftrag des Papstes zu predigen hatte, meinten: «Wenn man Pater Laurentius von Brindisi nicht kennen würde, müsste man glauben, er sei einer der Rabinen». Seine Ehrfurcht vor dem Wort Gottes war so groß, dass er die Heilige Schrift nie anders als nur kniend las. Jedes Wort prägte sich seinem einzigartigen Gedächtnis so stark ein, dass er die Heilige Schrift hebräisch und griechisch völlig frei zitieren konnte.

Der am 22. Juli 1619 in Lissabon verstorbene Kapuziner, der schon zu Lebzeiten manche Wunder gewirkt hatte, wurde am 23. Mai 1783 selig und am 8. Dezember 1881 heilig gesprochen mit dem Ehrentitel «Doctor Immaculatae». Papst Johannes XXIII. aber hat den hl. Laurentius von Brindisi am 19. März 1959 zur Würde eines Kirchenlehrers erhoben.

Aus seinem Werk

Aus einer Fastenpredigt des hl. Laurentius von Brindisi

«Wollen wir mit den Engeln des Himmels und den seligen Geistern, die wie wir nach dem Abbild und der Gestalt Gottes geschaffen sind, ein geistliches Leben füh-

Laurentius von Brindisi, Portrait von Pietro Labruzzi,
Florenz-Montughi, Kapuziner-Konvent

ren, so brauchen wir wie das tägliche Brot die Gnade des Heiligen Geistes und die Gottesliebe. Gnade und Liebe aber gibt es nicht ohne den Glauben; denn ‹ohne den Glauben ist es unmöglich, Gott zu gefallen› (1 Hebr 11,6). ‹Der Glaube gründet in der Botschaft, die Botschaft im Wort Christi› (Röm 10,17). Daher ist die Predigt des Gotteswortes notwendig für das geistliche Leben wie die Aussaat für die Erhaltung des leiblichen Lebens.

Darum sagt Christus: ‹Ein Sämann ging aufs Feld, um zu säen› (Mt 13,3). Der Sämann ging aus, um die Gerechtigkeit zu verkündigen. Manchmal lesen wir, dass Gott ihr Verkünder gewesen ist, zum Beispiel, als er dem ganzen Volk in der Wüste vom Himmel her mit lauter Stimme das Gesetz der Gerechtigkeit gab. Einmal war es der Engel des Herrn, der am ‹Ort des Weinens› das Volk tadelte, weil es das Gesetz Gottes übertreten hatte; und alle Israeliten hörten die Rede des Engels, bereuten in ihrem Herzen und brachen in lautes Weinen aus (Ri 2,4). Auch Mose predigte dem ganzen Volk auf der Ebene von Moab das Gesetz, wie aus dem Buch Deuteronomium hervorgeht. Schließlich kam Christus, der Gottmensch, um das Wort des Herrn zu verkünden. Dazu sandte er auch die Apostel aus, so wie er früher die Propheten geschickt hatte.

So ist denn die Predigt eine apostolische Aufgabe, eine Aufgabe für Engel und Christen, eine heilige Aufgabe. Denn das Wort Gottes ist von unschätzbarem Wert. Es ist wie ein Schatz, der alles Gute enthält. Denn aus ihm kommen Glaube, Hoffnung und Liebe; alle Tugenden, alle Gaben des Heiligen Geistes, die Seligpreisungen des Evangeliums; alle guten Taten, alle vorzüglichen Werke des Lebens und alle Herrlichkeit des Paradieses: ‹Nehmt euch das Wort zu Herzen, das in euch eingepflanzt worden ist und das die Macht hat, euch zu retten› (Jak 1,21). Das Wort Gottes ist Licht für den Verstand und Feuer für den Geist, so dass der Mensch Gott erkennen und lieben kann. Dem inneren Menschen, der vom Geist Gottes lebt, ist es Brot und Wasser. Aber das Brot ist süßer als Honig und Honigwaben, das Wasser besser als Wein und Milch. Es ist für die Seele ein Schatz geistlicher Werte; deshalb wird es Gold und kostbarer Edelstein genannt. Gegen das Herz, das sich in der Sünde verhärtet, ist es wie ein Hammer. Gegen Welt, Fleisch und Teufel ist es wie ein Schwert, das jede Sünde tötet» *(Aus: Lektionar für die Feier des Stundengebetes, Proprium der Heiligen: 21. Juli, S. 260-262).*

Gedenktag des hl. Laurentius von Brindisi: 21. Juli

Die Kirche betet:
Allmächtiger Gott, du hast dem heiligen Laurentius von Brindisi den Geist des Rates und der Stärke verliehen, damit er als Prediger und Seelsorger zu deiner Ehre und zum Heil der Menschen wirke. Erleuchte auch uns durch deinen Geist, damit wir unsere Aufgaben erkennen und sie in deiner Kraft erfüllen. Darum bitten wir durch Jesus Christus, unseren Herrn, der in der Einheit des Heiligen Geistes mit dir lebt und herrscht in alle Ewigkeit. Amen.

Jerusalem-Kreuz des Ritterordens vom Hl. Grab, Jerusalem

Robert Bellarmin

Jesuit, Priester, Professor, Kardinal-Bischof († 1621)

Geboren wurde Robert am 4. Oktober 1542 in Montepulciano bei Siena. Sein Vater Vincenzo Bellarmino war der erste Beamte der Stadt. Roberts Mutter Cinzia Cervini war die Schwester des späteren Papstes Marcello II. Als Robert fünfzehn Jahre alt war, eröffneten die Jesuiten eine Schule in Montepulciano. Robert wurde einer der ersten Schüler dieser Schule. Gegen den Willen des Vaters trat er am 21. September 1560 in den Jesuitenorden ein. Robert studierte dann am Collegio Romano in Rom Philosophie. Danach war er tätig als Rhetoriklehrer in Florenz (1563/64) und in Mondovi (1564-67). Es folgte das Theologiestudium in Padua, dann in Loewen/Niederlande. Nach der Priesterweihe wurde er tätig als Professor für Kontroverstheologie, sieben Jahre in Loewen, elf Jahre in Rom, wo er damals auch als Prediger und Spiritual für die Ordenskleriker am Collegio Romano tätig war. Sein Lieblingsschüler unter den Jesuitenklerikern war der junge Herzogssohn Aloisius von Gonzaga. Robert wurde 1588 emeritiert. Am 24. November 1594 wurde er zum Provinzial des Jesuitenordens in Neapel ernannt. Doch wenige Jahre später wurde er zum Päpstlichen Berater und zum Kardinal ernannt. Wegen Differenzen im Gnadenstreit wurde er von Rom abberufen. Daraufhin erfolgte am 21. April 1602 Roberts Ernennung und Weihe zum Erzbischof von Capua. Charakteristisch für Professor Robert Bellarmin war, dass er als Erzbischof von Capua dreimal die ganze Diözese visitierte und um die Armen, vor allem um die Arbeitslosen und um den Diözesanklerus sehr bemüht war. Er war bei seiner Tätigkeit als Universitätsprofessor, Priester und Bischof,

Robert Bellarmin, Kardinal und Kirchenlehrer

nicht bloß sehr gelehrt und seeleneifrig, sondern auch überaus demütig; ihm zugefügte Demütigungen ertrug er vorbildlich. Nach dem Tod von Papst Clemens VIII. (3. März 1605) und dem Tod seines Nachfolgers Leo XI. wurde Robert Bellarmin beim Konklave im Mai 1605 fast zum Papst gewählt. Er betete damals: «A Papa tu libera me, Domine! – Befreie mich Herr vom Papstamt!»

Der gewählte Papst Paul V. wollte Robert Bellarmin unbedingt wieder in Rom an seiner Seite haben. So konnte Robert noch in verschiedenen päpstlichen Kongregationen mitarbeiten. Gestorben ist Robert am 17. September 1621 in Rom, bestattet ist er in St. Andrea al Quirinale. Am 13. Mai 1923 bzw. am 29. Juni 1930 fand die Selig- und Heiligsprechung unter Papst Pius XI. statt.

Seine Ernennung zum Kirchenlehrer wurde von Pius XI. am 17. September 1931 vorgenommen.

Aus seinem Werk

Aus einem Traktat Robert Bellarmins über den Aufstieg des Geistes zu Gott:

«‹Herr, du bist gütig und reich an Gnade› (Ps 86,5). Wer sollte dir nicht von ganzem Herzen dienen, sobald er anfängt, auch nur ein wenig die Milde deiner väterlichen Herrschaft zu kosten? Herr, was gebietest du deinen Dienern? ‹Nehmt mein Joch auf euch›, sagst du. Was für ein Joch ist das? Du sagst: ‹Mein Joch drückt nicht, und meine Last ist leicht›. Wer sollte nicht gern ein Joch tragen, das nicht niederdrückt, sondern aufrichtet, und eine Last, die nicht beschwert, sondern tragen hilft? Mit Recht hast du also hinzugefügt: ‹So werdet ihr Ruhe finden für eure Seele› (Mt 11,29). Was ist dein Joch, das nicht ermüdet, sondern Ruhe bringt? Dies ist das erste und größte Gebot: ‹Du sollst den Herrn, deinen Gott, lieben mit ganzem Herzen› (Mt 22,37). Was ist leichter, angenehmer, erfreuender, als die Güte zu lieben, die Schönheit, die Liebe? Alles das bist du, Herr, mein Gott. Versprichst du nicht auch Lohn einem jeden, der deine Gebote hält, sie, die kostbarer sind als Gold in Menge, süßer als Honig, als Honig aus Waben (Ps 19,11)? Du versprichst ganz allgemein Lohn, reichsten Lohn, wie der Apostel Jakobus sagt: ‹Den Kranz des Lebens hat der Herr denen bereitet, die ihn lieben› (Jak 1,12). Was ist der Kranz des Lebens? Er ist ein größeres Gut, als wir denken und begehren können. Denn so schreibt der heilige Paulus mit Jesaja: ‹Was kein Auge gesehen und kein Ohr gehört hat, was keinem Menschen in den Sinn gekommen ist: das Große, das Gott denen bereitet hat, die ihn lieben› (1 Kor 2,9). Wahrhaftig, in der Beobachtung deiner Gebote liegt bereits reicher Lohn. Dabei ist nicht nur dieses erste und höchste Gebot gut für die Menschen, die ihm gehorchen – nicht für Gott, der es gegeben hat –, auch die übrigen Gebote machen die Menschen, die ihnen gehorchen, vollkommen, zieren und erleuchten sie, machen sie gut und zuletzt glücklich.

Wenn du es also begreifst, erkenne, dass du zur Ehre Gottes und zu deinem ewigen Heil erschaffen bist, dass dies dein Ziel ist, dies die Mitte deiner Seele, der Schatz deines Herzens. Wenn du an dieses Ziel gelangst, bist du selig, unglücklich aber, wenn du es verfehlst.

Darum halte alles für gut, was dich deinem Ziel näherbringt, für schlecht, was dich am Ziel vorbeiführt. Glück und Unglück, Reichtum und Armut, Gesundheit und Krankheit sind nach der Auffassung der Weisen an und für sich weder zu begehren noch zu fliehen. Vielmehr, wenn sie zur Ehre Gottes und zu deinem ewigen Glück beitragen, sind sie gut und zu begehren. Sind sie dem aber im Weg, dann sind sie schlecht, und wir sollen sie fliehen» *(Aus: Lektionar für die Feier des Stundengebetes, Proprium der Heiligen: 17. September, S. 260f.).*

Gedenktag des hl. Robert Bellarmin: 17. September

Die Kirche betet:

Ewiger Gott, du hast uns im heiligen Robert Bellarmin einen Bischof und Gelehrten geschenkt, der durch seine Schriften den Glauben der Kirche gefestigt hat. Höre auf seine Fürsprache und hilf deinem Volk, diesen Glauben in seiner Fülle zu bewahren und weiterzugeben. Darum bitten wir durch Jesus Christus, unseren Herrn, der in der Einheit des Heiligen Geistes mit dir lebt und herrscht in alle Ewigkeit. Amen.

Albert der Große, Fra Angelico, San Marco Florenz

Franz von Sales

Priester, Domherr, Bischof, Schriftsteller († 1622)

Geboren ist Franz von Sales am 21. August 1567 im Schloss Sales bei Thorens in Savoyen als erstes von zehn Kindern. Der Vater war Schlossherr von Nouvelles, die Mutter hieß Franziska Sionnar. Beide standen treu zum katholischen Glauben und die Erziehung des jungen Franz wurde von der frommen Mutter übernommen. Die Kinderschwester Puthod und der Hofkaplan Diage halfen ihr bei der katholischen Erziehung. Man brachte dem Jungen Selbstbeherrschung, Verzichtleistung auf Liebgewordenes und selbstlose Liebe, vor allem zu den Armen, bei. Franz besuchte die Schulen im Jesuitenkolleg zu La Roche, im Kolleg zu Annecy, schließlich im Kolleg Clermont in Paris (1582-88). Dort machte der Neunzehnjährige eine schwierige Zeit durch, denn, veranlasst durch die Praedestinationslehre Calvins, glaubte sich Franz zur ewigen Verdammnis vorherbestimmt. Er durchlebte sechs Wochen mit schmerzlicher seelischer Dunkelheit. Trotzdem blieb er dem katholischen Glauben treu und rang sich zu heroischer Seelenhaltung durch: «Wenn ich Gott schon nicht in der Ewigkeit lieben darf, will ich ihn wenigstens auf Erden nach Kräften lieben.» Ganz plötzlich bekam er volle Sicherheit im Gottvertrauen beim Beten des «Memorare» (Gedenke o mildreichste Jungfrau ...) vor dem Mariengnadenbild in der Kirche St. Stefan di Gres.

1588 wurde Franz vom Vater zum Studium der Rechtswissenschaft nach Padua geschickt, wo er den Doctor in utroque jure erwarb. In Padua kam er unter den starken Einfluss des Theatiners Lorenzo Scupoli mit seinem «Combattimento spirituale» (vom geistlichem Kampf).

Franz von Sales, Bischof von Genf

Zum Abschluss des Aufenthaltes in Padua und vor der Rückkehr nach Savoyen machte Franz noch eine Pilgerfahrt nach Rom und Loreto. Dabei wurde seine Berufsentscheidung ganz klar getroffen: Er entschied sich nicht für den Advokatenberuf – wie es der Vater geplant hatte –, sondern für den Priesterberuf. Der Vater hatte schon dafür gesorgt, dass der junge Advokat in den Senat von Chambéry aufgenommen würde; auch für eine künftige ebenbürtige Gattin hatte der Vater schon gesorgt. Aber für Franz von Sales stand unterschütterlich fest, Priester zu werden. Er wurde, ohne es zu wissen, zum Propst des Domkapitels von Genf mit dem damaligen Sitz in Chambéry ernannt. Am 18. Dezember 1593 wurde Franz von Sales zum Priester geweiht. Er begann seine priesterliche Tätigkeit im Chablais, in dem Gebiet, das nach der Eroberung durch die Berner 1536 gewaltsam zum Calvinismus «bekehrt» worden war. Dieses Gebiet war aber erst kürzlich wieder in den Besitz des Herrschers von Savoyen gekommen; diesem lag viel daran, dass die Bevölkerung wieder zum katholischen Glauben finde. Der Priester Franz von Sales begann diese schwierige Missionsarbeit im September 1594 zuerst mit öffentlichen Diskussionen und durch Verteilen von Flugblättern, deren Inhalt unter dem Titel «Controverse» zusammengefasst wurde. 1602 wurde Franz von Sales zum Bischof von Genf ernannt. 1610 gründete er zusammen mit seiner Seelenfreundin Johanna Franziska von Chantal den Orden der Schwestern von der Heimsuchung (Visitation).

Franz von Sales starb am 28. Dezember 1622 in Lyon/Frankreich. Er wurde 1661 bzw. 1665 selig und heilig gesprochen von Papst Alexander VII. Von Papst Pius IX. wurde er 1877 zum Kirchenlehrer ernannt.

Ein heiliger Gentleman, so hat man diesen adeligen Kirchenlehrer genannt. Er bewies in seinem Leben, was seine klassischen Schriften lehren: Dass man ein kulti-

vierter Weltmann und zugleich ein von Gottesliebe durch-
drungener Heiliger sein kann und dass humanistische Bildung echte Frömmigkeit nicht schwächen muss, sondern
diese sogar bis zur Heiligkeit steigern kann. Den geistes-
geschichtlichen Einfluss dieses Heiligen veranschaulicht
die Tatsache, dass es von seinem Buch «Philothea» mehr
als tausend Auflagen gibt. Schon 1656 war dieses Buch
in siebzehn Sprachen übersetzt; heute ist es in allen eu-
ropäischen und in vielen außereuropäischen Sprachen er-
hältlich. Auch die Abhandlung über die Liebe Gottes, genannt «Theotimus», ist eines der schönsten religiösen Bücher, die das 17. Jahrhundert uns geschenkt hat. (H.
Bremond). Dieses Werk wurde bald ins Englische, Italienische, Spanische, Deutsche und Polnische übersetzt.

Aus seinem Werk

*Aus der Einführung des hl. Franz von Sales in das
religiöse Leben (aus «Philothea»):*

«Bei der Erschaffung gebot Gott, der Schöpfer, den
Pflanzen, Frucht zu bringen je nach ihrer Art. So befiehlt
er auch den Christen, den lebendigen Pflanzen seiner
Kirche, Frucht der Frömmigkeit zu bringen je nach per-
sönlicher Eigenart, nach Stand und Beruf. Anders, so
möchte ich sagen, muss ein Edelmann fromm sein als ein
Handwerker, anders ein Diener als ein Fürst, anders eine
Witwe als ein unverheiratetes Mädchen oder eine in der
Ehe lebende Frau. Doch nicht genug damit: auch die
Ausübung der Frömmigkeit selbst muss der Kraft, der
Tätigkeit und der Aufgabe eines jeden in besonderer Weise angepasst sein. Sag mir bitte, liebe Philothea, ob es
angebracht wäre, wenn ein Bischof wie ein Kartäuser
die Einöde aufsuchte! Wenn Verheiratete sich nicht stär-
ker um die Mehrung ihres Vermögens bemühen würden
als ein Kapuziner; wenn ein Handwerker nach Art der

Ordensleute den ganzen Tag in der Kirche verbrächte; die Ordensleute aber wie die Bischöfe dauernd den Anforderungen ausgesetzt wären, die sich im Zusammenhang mit der Not der Mitmenschen ergeben! Wäre ein solches Ordensleben nicht vielmehr lächerlich, ungeordnet und unerträglich? Und doch begegnet dieser Fehler häufig ...Wenn die Frömmigkeit nur wahr und aufrichtig ist, zerstört sie nichts, sondern vervollkommnet und vollendet alles. Wenn sie jedoch der Berufung und dem Stand eines Menschen widerspricht, ist sie ohne Zweifel falsch. Die Biene sammelt ihren Honig aus den Blüten, ohne sie im geringsten zu schädigen oder zu zerstören; sie hinterlässt sie vielmehr heil und frisch, wie sie sie vorfand. Die wahre Frömmigkeit tut dies noch besser:

Sie zerstört nicht nur keine Form von Beruf oder Tätigkeit, sondern macht sie sogar gefälliger und schöner. Durch sie wird dir auch die Sorge für die Familie friedvoller, die gegenseitige Liebe von Mann und Frau wird lauterer, der Dienst bei den Fürsten gewinnt an Treue, und alle Tätigkeiten, welche immer es seien, werden angenehmer und ansprechender. An welcher Stelle immer wir stehen, stets können und sollen wir uns um das vollkommene Leben bemühen» *(Aus: Lektionar für die Feier des Stundengebetes, Proprium der Heiligen: 24. Januar, S. 241f.)*

Aus der Betrachtung des Himmels
(aus «Philothea»):
«1. Denke an eine schöne, helle Nacht. Wie herrlich ist der Himmel mit seinen funkelnden Sternen! Zu dieser Pracht füge die eines strahlenden Tages, aber so, dass der Glanz der Sonne nicht den der Sterne und des Mondes überstrahle.

Und dann sage kühn: Alle diese Schönheit zusammengenommen ist nichts gegen die Herrlichkeit des Himmels.

Wie begehrenswert, wie liebenswert ist doch dieser Ort, wie kostbar diese Stätte!

2. Erwäge den Adel, die Schönheit, die große Zahl der Bürger dieses glücklichen Reiches: Millionen von Engeln, Cherubim und Seraphim; die Scharen der Apostel, Märtyrer, Bekenner, Jungfrauen und heiligen Frauen. Unermessliche Schar, selige Gemeinschaft! Der Geringste unter ihnen ist herrlicher anzuschauen, als die ganze Welt, – welche Seligkeit, sie alle zu sehen! Und, o mein Gott, wie glücklich sind sie! Sie singen immerdar das liebliche Lied der ewigen Liebe. Sie erfreuen sich eines nie versiegenden Frohsinns. Sie beglücken einander in unsagbarer Weise. Sie leben in der Freude einer seligen, unzertrennlichen Gemeinschaft.

3. Erwäge, wie glücklich sie sind, Gott zu besitzen. Immer dürfen sie seinen Anblick genießen, der Liebe weckt und in ihre Herzen einen Abgrund von Wonne senkt. Welche Freude, immer mit seinem Schöpfer verbunden zu sein! Gleich unbeschwerten Vögeln, die munter singend sich durch die Lüfte schwingen, schweben sie jubilierend in der Seligkeit Gottes, die sie dem Äther gleich überall umgibt und mit unerhörten Wonnen erfüllt. Ohne Neid wetteifern alle, das Lob des Schöpfers zu singen: ‹Sei gepriesen ohne Ende, gütiger, erhabener Schöpfer und Erlöser! Du bist so gütig gegen uns, Du teilst uns so freigebig Deine Herrlichkeit mit!› Und Gott segnet alle seine Heiligen mit ewigem Segen: ‹Seid gesegnet ohne Ende, meine geliebten Geschöpfe! Ihr habt mir voll Liebe und Mut gedient; ihr sollt mir nun mit gleicher Liebe und Hingabe ewig Lob singen.›

Affekte und Entschlüsse:

1. Bewundere und preise deine himmlische Heimat: Wie schön bist du und wie glücklich sind deine Bewohner!

2. Tadle dein Herz ob des kläglichen Mutes, den es bisher aufgebracht hat. Tadle es, dass es so weit vom

Weg zu dieser unvergleichlichen Wohnung abgewichen ist: Ich Armer, warum habe ich mich so weit von meinem höchsten Glück entfernt? Dieser seichten und oberflächlichen Vergnügungen wegen habe ich tausend- und abertausendmal die ewigen, unendlichen Wonnen aufs Spiel gesetzt. Wie töricht war ich doch, so begehrenswerte Güter zu missachten und so nichtigen, verächtlichen Begierden nachzulaufen!

3. Erwecke eine innige Sehnsucht nach dieser herrlichen Stätte: Es hat Dir gefallen, allgütiger Herr, meine Schritte auf Deinen Weg zu lenken, darum will ich nie mehr davon abweichen. Geh, meine Seele, geh ein in diese unendliche Ruhe, wandere nach diesem gesegneten Land! Was wollen wir noch hier in der Verbannung?

4. Ich werde also diese oder jene Dinge meiden, die mich von diesem Weg abbringen oder im Vorankommen behindern.

5. Ich will dies und jenes tun, das mir vorankommen hilft» *(Franz von Sales: Philothea, Einführung in das Leben aus christlichem Glauben, Eichstätt 1995, S. 46-48).*

Gedenktag des hl. Franz von Sales: 24. Januar

Die Kirche betet:

Gütiger Gott, du hast den hl. Franz von Sales dazu berufen, als Bischof und Lehrer allen alles zu werden. Hilf uns, sein Beispiel nachzuahmen und den Brüdern zu dienen, damit durch uns deine Menschenfreundlichkeit sichtbar wird. Darum bitten wir durch Jesus Christus, unseren Herrn, der in der Einheit des Heiligen Geistes mit dir lebt und herrscht in alle Ewigkeit. Amen.

Alfons Maria di Liguori

Rechtsanwalt, Ordensgründer,
Ordenspriester, Bischof († 1787)

Alfons Maria di Liguori wurde am 27. September 1696
in Marianella, einem Vorort von Neapel, in eine uralte
neapolitanische Adelsfamilie geboren. Der Vater Josef
di Liguori war Konteradmiral der königlichen Galeeren.
Die Mutter, Anna Cavalieri aus dem Grafengeschlecht
von Avenia, war überaus fromm. Alfons' Onkel Emilio
war Bischof von Troia und Freund des hl. Paul von Kreuz,
des Gründers des Passionistenordens. Alfons war der
Erstgeborene von acht Kindern, von denen sich fünf Gott
in einem geistlichen Beruf geweiht haben: Drei Söhne,
Alfons, Anton und Gaetano wurden Priester; zwei Töchter wurden Ordensfrauen. Alfons war hochbegabt, studierte Jura und erwarb bereits mit siebzehn Jahren den
Doktortitel (Dr. in utroque jure).

1715 begann er seine Tätigkeit als Advokat und wurde
sehr rasch einer der besten Rechtsberater im neapolita-
nischen Königsreich. 1723 verlor er einen von ihm ge-
führten Prozess zwischen dem Fürsten Orsini und dem
Großherzog von Toscana. Er zog sich daraufhin von der
Rechtsanwaltstätigkeit zurück.

Er begann mit dem Theologiestudium und wurde mit
dreißig Jahren am 21. Dezember 1726 zum Priester geweiht. Als Neupriester gründete er das Werk der «Cap-
pelle serotine», in welchem er Laien schulte, die bei der
Verkündigung des Wortes Gottes und bei Werken der Ca-
ritas zur Betreuung der «Lazzaroni» (Sandler = Obdach-
lose) ihn unterstützen sollten. 1730 gründete Alfons in
Scala, oberhalb von Amalfi, den Orden der Redemptorist-
innen, am 9. November 1732 den Redemptoristenorden,

die Kongregation des Allerheiligsten Erlösers, deren oberstes Gebot die Nachfolge Christi und die seelsorgliche Betreuung der kleinen Leute auf dem Land sein sollte.

Die Ordensbrüder waren in der Volksmission bald sehr erfolgreich, der Orden verbreitete sich im Königreich Neapel und im Kirchenstaat sehr rasch. Alfons selbst zog nun dreißig Jahre lang mit seinen Ordensbrüdern predigend und helfend durch Städte und Dörfer. Er erlebte dabei nach eigenen Berichten wahre Wunder der Bekehrung. Am 20. Juni 1762 berief Papst Clemens III. Alfons gegen seinen Willen auf den Bischofsstuhl von S. Agata de Goti. Bis 1775 leitete Alfons diese gebirgige und arme Diözese. Gleichzeitig leitete er unter großen Schwierigkeiten, die ihm die politischen Behörden machten, seinen Orden. Im Jahre 1775 nahm Papst Pius VI. den Rücktritt des hl. Alfons von seinem bischöflichen Amt an. Er zog sich nun in das Mutterhaus seines Ordens in Pagani (Provinz Salerno) zurück.

In den letzten Lebensjahren litt er stark unter zunehmender Blindheit und Gehörlosigkeit sowie an einer Krümmung der Wirbelsäule. Alfons konnte nicht mehr die gewohnte tägliche hl. Messe feiern, da er auch diabolischen Angriffen ausgesetzt war und unter seelischen Schwierigkeiten zu leiden hatte. Am 1. August 1787 wurde er in einem stillen, friedvollen Sterben in die Ewigkeit abberufen. Durch seine Schriften, hundertelf an der Zahl, wurde er zum angesehendsten Moraltheologen, Pastoraltheologen und Erbauungsschriftsteller des 18 . Jahrhunderts. Bei all seinen Schriften ging es dem hl. Alfons nicht um ein vertieftes Erforschen und Erörtern theologischer Probleme. Er war bei all seinen Schriften darauf bedacht, den Volksmissionaren, Seelsorgern und Beichtvätern Hilfsmittel für ihre Tätigkeit anzubieten. Man hat den hl. Alfons «die paradoxeste Mischung von Dichter-Sänger und Jurist-Moralist, Liebesmystiker und Skrupulant» ge-

Alfons di Liguori, Gründer des Redemptoristenordens

nannt (Ida F. Görres). Der hl. Alfons war tatsächlich Komponist und Liederdichter sowie Theologe mit verständlicher, leichter Sprache.

Alfons ist der beliebteste und einflussreichste Erbauungsschriftsteller des 18. Jahrhmderts. Seine hundertelf Schriften erreichten bis 1933 in einundsechzig Sprachen 17.125 Ausgaben. Für Alfons von Liguori war die Tätigkeit als Volksschriftsteller eine Fortsetzung seiner Arbeit als Armenseelsorger und Volksmissionar. Mit seinem asketischen Werken wollte er Antwort geben auf seelische Nöte und Fragen seiner Zeit.

Auch wollte Alfons der materialistischen radatheistischen Literatur, die von Frankreich und England her in Italien eindrang, entgegenwirken. Da er für das kleine Volk schrieb, verfasste er seine Bücher in einfachem und klarem Stil. Er sagte selbst: «Ich mache die Sachen gerne kurz und gut und bin ein Feind der Weitschweifigkeit, die Überdruss erzeugt und bewirkt, dass man die Sache nicht liest.» Am 15. September 1816 erfolgte die Seligsprechung und am 20. Mai 1839 die Heiligsprechung des Ordensgründers und Volksmissionars Alfons di Liguori. Pius IX. hat Alfons am 23. März 1871 zum Kirchenlehrer ernannt.

Aus seinem Werk

Aus einem Traktat des hl. Alfons Maria von Liguori «Über die tätige Liebe zu Christus»:

«Alle Heiligkeit und Vollkommenheit beruht auf der Liebe zu unserem Herrn Jesus Christus, unserem Gott, unserem höchsten Gut und Erlöser. Die Aufgabe der Liebe besteht darin, alle Tugenden zu vereinigen und zu bewahren, die den Menschen vollkommen machen.

Verdient etwa Gott nicht unsere ganze Liebe? Er hat uns von Ewigkeit her geliebt. ‹Bedenke, o Mensch›, so spricht er, ‹dass ich der erste war, der dich liebte. Du hattest das Licht der Welt noch nicht erblickt, die Welt war noch nicht da, und ich liebte dich bereits. Seit ich bin, liebe ich dich!›

Da Gott wusste, dass Wohltaten den Menschen anziehen, wollte er ihn mit Geschenken verpflichten, ihn zu lieben: ‹Ich will die Menschen für die Liebe zu mir einfangen mit den Netzen, mit denen sie sich binden lassen: mit den Ketten der Liebe› (Hos 11,4). Darauf waren alle Geschenke aus, die Gott dem Menschen gab. Als er ihm eine Seele verlieh nach seinem Bild, begabt mit Gedächtnis, Verstand und Willen; als er ihm einen mit Sinnen ausgestatteten Leib gab; als er für ihn Himmel und Erde erschuf mit einer Fülle von Einzeldingen, schuf er das alles aus Liebe zum Menschen. Alle Geschöpfe sollten dem Menschen dienen, der Mensch aber sollte Gott selbst wegen so zahlreicher Wohltaten lieben.

Er wollte uns nicht nur all diese schönen Geschöpfe geben. Um sich unsere Liebe zu erwerben, ging er so weit, dass er uns sich selbst ganz schenkte. Ja, der ewige Vater ging so weit, dass er uns seinen einzigen Sohn gab. Was tat er, als er sah, dass wir durch die Sünde tot und ohne Gnade waren? Seine große, ja, wie der Apostel sagt, seine übergroße Liebe trieb ihn, seinen geliebten Sohn zu senden mit dem Auftrag, für uns Genugtuung zu leisten und uns zu dem Leben zurückzurufen, das wir durch die Sünde verloren hatten. Er schenkte uns den Sohn, und um uns zu schonen, schonte er ihn nicht. Mit ihm schenkte er uns alles Gute: Gnade, Liebe und das Paradies. Denn all dies ist gewiss weniger als der Sohn: ‹Er hat seinen eigenen Sohn nicht verschont, sondern ihn für uns alle hingegeben; wie sollte er uns mit ihm nicht alles schenken› (Röm 8,32)?» *(Aus: Lektionar für die Feier des Stundengebetes, Proprium der Heiligen: 1. August, S. 282f.).*

Aus der Übung der Liebe zu Jesus Christus:

«Alle Heiligkeit und Vollkommenheit einer Seele besteht darin: Jesus Christus, unseren Gott, unser höchstes Gut, unseren Erlöser, zu lieben. Der Herr selbst bezeugte, dass derjenige, der Ihn liebt, von seinem himmlischen Vater geliebt werde: ‹Der Vater selbst liebt euch, weil ihr mich geliebt habt› (Joh 16,27).

Einige, sagt der heilige Franz von Sales, setzen ihre Vollkommenheit in strenge Bußwerke, andere in das Gebet, andere in den häufigen Empfang der heiligen Sakramente, andere in Werke der Barmherzigkeit, aber sie täuschen sich, denn die Vollkommenheit besteht darin, Gott über alles zu lieben. ‹Vor allem aber›, sagt der Apostel, ‹habt die Liebe, welche das Band der Vollkommenheit ist› (Kol 3,14). Er sagt dies, weil es die Liebe ist, die alle Tugenden, die eine Seele vollkommen machen, vereinigt und bewahrt.» *(Aus: Alfons Maria von Liguori, Die Liebe zu Jesus Christus, hrsg. von P. E. Recktenwald, Köln 1998, S. 7)*

Gedenktag des hl. Alfons Maria di Liguori: 1. August

Die Kirche betet:

Gott, du Hirt deines Volkes, du schenkst der Kirche zu allen Zeiten Menschen, die durch ihren Glauben und ihre Liebe ein Vorbild sind. Gib, dass uns gleich dem heiligen Alfons das Heil der Menschen am Herzen liegt, und schenke uns im Himmel den Lohn, den er schon empfangen hat. Darum bitten wir durch Jesus Christus, unseren Herrn, der in der Einheit des Heiligen Geistes mit dir lebt und herrscht in alle Ewigkeit. Amen.

Theresia von Lisieux

Karmelitin, Novizenmeisterin († 1897)

Das kurze, nur 24 Jahre umfassende Leben dieser jüngsten Kirchenlehrerin ist schnell beschrieben, zumal sie als eine kontemplative Karmel-Ordensfrau in den Augen der Welt weder etwas «Außerordentliches» noch etwas «Auffallendes» vollbracht hat, so dass sogar Mitschwestern über das kurze Leben der Verstorbenen meinten: «Sie trat bei uns ein, lebte und starb – mehr ist wirklich von ihr nicht zu sagen.»

Sie wurde in Alençon am 2. Januar 1873 als neuntes und letztes Kind der heiligmäßigen, mit heroischen Tugenden ausgestatteten Eltern Louis Martin und Zélie Guérin geboren und zwei Tage später auf die Namen «Maria Franziska Theresia» getauft. Ihre Kindheit war geprägt von mehreren Schwestern, die sich auf den Ordensstand vorbereiteten. Bereits mit fünfzehn Jahren durfte sie in den Karmel von Lisieux eintreten (9. April 1888). «Theresia vom Kinde Jesus und vom Heiligen Antlitz» – so ihr Ordensname – reifte in kürzester Zeit, vor allem durch ganz besondere Gnaden von oben und durch die 1886 ihr von Gott zugedachte schmerzliche Todeskrankheit zur Heiligkeit heran. Am 30. September 1888 legte sie ihre Ordensprofess ab; an Ihrem Professtag starb sie 1897 in Lisieux. Auf Grund ihres herausragenden heiligen Lebens verbreitete sich die Verehrung der hl. Theresia vom Kinde Jesus in staunenswerter Schnelligkeit in der ganzen katholischen Welt.

Die im Anhang aufgeführten Schriften ergeben zusammen mit Theresias heiligem Leben die hervorragende Lehre dieser Kirchenlehrerin. Es ist der kleine Weg, den alle gemäß den Evangelien, belehrt von Christus, dem

«Doctor doctorum – dem Lehrmeister aller Lehrmeister» zu gehen haben.

Von dieser Lehre schreibt Papst Johannes Paul II. im Ernennngsdekret «Divini amoris scientia»:

«Sie stimmt nicht nur mit der Heiligen Schrift und mit dem katholischen Glauben überein, sondern sie ragt hervor durch ihre Tiefe und die in ihr zustande gekommene Synthese der Weisheit. Diese Lehre ist zur gleichen Zeit ein Bekenntnis des Glaubens der Kirche, ein Erleben des christlichen Mysteriums und ein Weg zur Heiligkeit. Theresia bietet eine reife Synthese der christlichen Spiritualität. Sie verbindet die Theologie und das geistliche Leben, ihr Ausdruck ist kraftvoll und sicher, voll großer Überzeugungskraft und Kommunikationsfähigkeit, wie die Aufnahme und Verbreitung ihrer Botschaft im Gottesvolk zeigt ...

In den Schriften Theresias finden wir vielleicht nicht, wie bei anderen Kirchenlehrern, eine wissenschaftlich ausgearbeitete Darstellung der göttlichen Dinge, aber wir können ihnen ein erleuchtetes Zeugnis des Glaubens entnehmen, das, während es mit vertrauender Liebe die achtungsvolle Barmherzigkeit Gottes und das Heil in Christus aufnimmt, das Geheimnis und die Heiligkeit der Kirche offenbart.»

Am 10.April 1923 bzw. am 17. Mai 1925 wurde Theresia von Papst Pius XI. selig und heilig gesprochen.

Am 19. Oktober 1997 erfolgte schließlich Theresias Ernennung zur Kirchenlehrerin durch Papst Johannes Paul II. Was Papst Paul VI. von der Kirchenlehrerin Katharina von Siena gesagt hat, gilt auch von der hl. Theresia von Lisieux: «Was uns bei dieser Heiligen am meisten erschüttert, ist die eingegossene Weisheit, das heißt die klare, tiefe und begeisterte Aufnahme der göttlichen Wahrheiten und der Geheimnisse des Glaubens.»

Theresia von Lisieux, die jüngste Kirchenlehrerin

Aus ihrem Werk

Die Weihe der hl. Theresia an das heiligste Antlitz, verfasst für das Noviziat:

«O anbetungswürdiges Antlitz Jesu! Da Du geruhtest, gerade unsere Seelen zu erwählen, um Dich ihnen zu schenken, kommen wir, sie Dir zu weihen.

Wir vermeinen zu hören, wie Du, o Jesus, zu uns sprichst: ‹Tu Mir auf, Meine Schwester du, Meine Freundin ... Feucht ist mein Haupt vom Tau, vom Sprühtau der Nacht mein Haar› (Hoheslied 5,2)! Unsere Seelen verstehen Deine Sprache der Liebe; wir wollen Dein sanftes Antlitz trocknen und Dich trösten, wenn die Bösen Dich vergessen. Ihren Augen bist Du noch wie verhüllt ... Du bist verachtet. Sie schätzen Dich nicht (Isaias 53,3)!

O Antlitz, schöner als die Lilien und Rosen des Frühlings! Unseren Augen bist Du nicht.verborgen! Die Tränen, die Deinen göttlichen Blick verschleiern, scheinen uns kostbare Diamanten, die wir sammeln wollen, um mit ihrem unendlichen Wert die Seelen unserer Brüder zu erkaufen. Aus Deinem verehrungswürdigen Mund haben wir die Liebesklage vernommen. Wir haben begriffen: Der Durst, der Dich verzehrt, ist ein Durst nach Liebe, und um ihn zu stillen, möchten wir unendliche Liebe besitzen! Vielgeliebter Bräutigam unserer Seelen! Hätten wir die Liebe aller Herzen, so wäre all diese Liebe Dein ... Wohlan, schenke uns diese Liebe und komm, Deinen Durst zu stillen in Deinen kleinen Bräuten ... Seelen, Herr, wir brauchen Seelen! Vor allem Apostel- und Märtyrerseelen, damit wir durch sie die Menge der armen Sünder mit Deiner Liebe entflammen.

O anbetungswürdiges Antlitz, wir können diese Gnade von Dir erlangen! Unsere Verbannung an die Flüsse Babylons vergessend, singen wir Deinen Ohren die süßesten Melodien. Und wir singen unsere Lieder nicht auf fremder Erde (Ps 136,4), weil Du die wahre, die einzige Heimat unserer Seelen bist.

O geliebtes Antlitz Jesu! In Erwartung des Tages der Ewigkeit, an dem wir Deine unendliche Glorie schauen werden, ist unser einziger Wunsch, Deine göttlichen Augen zu erfreuen, indem auch wir unser Gesicht verbergen, dass hienieden niemand uns kenne... Dein verschleierter Blick ist unser Himmel, o Jesus ...!»

Aus «Geschichte einer Seele»:

Deine Braut sein, o Jesus, Karmelitin sein, durch meine Vereinigung mit dir Mutter der Seelen sein: das alles müsste mir genügen.

Doch ich fühle noch andere Berufungen in mir: ich fühle in mir die Berufung zum Krieger, Priester, Apostel, Kirchenlehrer und Märtyrer ... Ich möchte die heldenmütigsten Werke vollbringen. Ich fühle in mir den Mut eines Kreuzfahrers und möchte auf einem Schlachtfeld für die Verteidigung der Kirche sterben.

O Beruf des Priesters! Mit welcher Liebe würde ich dich, Jesus, in meinen Händen tragen, wenn meine Stimme dich vom Himmel herabrufen würde! Mit welcher Liebe würde ich dich den Seelen darreichen! Aber ach, wenn ich mich auch danach sehne, Priester zu sein, so bewundere und beneide ich den heiligen Franziskus von Assisi, und ich fühle in mir die Berufung, ihm nachzufolgen und die Würde des Priestertums auszuschlagen. Wie aber soll ich diese Gegensätze vereinigen? Gleich den Propheten und Kirchenlehrern möchte ich die Seelen erleuchten. Ich möchte die ganze Welt durcheilen, deinen Namen verkünden und im Lande des Unglaubens dein glorreiches Kreuz aufpflanzen, o mein Vielgeliebter! Aber ein einziges Missionsland würde mir nicht genügen: ich möchte das Evangelium zu gleicher Zeit in allen Teilen der Welt verkünden und bis hinaus auf die entlegensten

Inseln. Ich möchte Missionar sein, nicht nur während einiger Jahre, sondern ich möchte es seit der Schöpfung gewesen sein und fortfahren es zu sein bis zur Vollendung der Zeiten. Vor allem möchte ich Märtyrerin sein! Das Martyrium! Das war der Traum meiner Jugend! Dieser Traum ist in der Klosterzelle mit mir gewachsen» *(Aus: Theresia Martin, Geschichte einer Seele, Leutesdorf 2000, S. 223f.).*

Gedenktag der hl. Theresia von Lisieux: 1. Oktober

Die Kirche betet:
Großer Gott, du rufst Menschen in deine Nähe, die nichts von sich selbst erwarten, sondern alles von dir erhoffen. Führe uns den Weg der Demut und der Gotteskindschaft, den du der heiligen Theresia gezeigt hast. Vollende auf ihre Fürsprache auch unser Leben in deiner Herrlichkeit und lass uns dein Antlitz schauen. Darum bitten wir durch Jesus Christus, unseren Herrn, der in der Einheit des Heiligen Geistes mit dir lebt und herrscht in alle Ewigkeit. Amen.

Das Porträt des hl. Augustinus gehört zu Seite 55

Schlussbemerkungen

Zunächst soll die aufschlussreiche Bemerkung eines Teilnehmers am eingangs erwähnten Dogmatik-Seminar, eines heute sehr angesehenen Priesters, angeführt werden:

«Die Beschäftigung mit den Kirchenlehrern war für mich gleichsam das Öffnen einer Schatztruhe, deren überreichen Inhalt ich bislang nicht erahnte. Der kurze Aufriss dieser großen Gestalten der Kirche hat in mir ein Interesse geweckt, mich in Zukunft intensiver mit dem Werk und der Person so mancher Heiliger auseinander zu setzen. Sicherlich ein Lebensprogramm, sein eigenes Leben nach dem Vorbild der Kirchenlehrer auszurichten, die den Weg zu Gott bereits gegangen sind und die Vollendung mit Ihm gefunden haben. Gerade die Auseinandersetzung mit dem karmelitischen Heiligen hat mir gezeigt, wie radikal Christusnachfolge ausschauen kann.»

Zuletzt seien noch die letzten Sätze des Apostolischen Schreibens «Divini amoris scientia» von Papst Johannes Paul II. vom 19. Oktober 1997 zitiert, die gewissermaßen als Beispiel eines Protokolls der «Doktor-Promotion» für die dreiunddreißig Kirchenlehrer dienen:

«Den Wünschen einer großen Zahl meiner Brüder im Bischofsamt und zahlreicher Gläubigen aus aller Welt entgegenkommend, nach Anhören des Gutachtens der Kongregation für die Selig- und Heiligsprechungsprozesse und nach Erhalt des Votums der Kongregation für die Glaubenslehre hinsichtlich der hervorragenden Lehre erklären wir aus sicherer Kenntnis und nach reicher Überlegung kraft der vollen apostolischen Autorität die hl. Jungfrau Theresia vom Kinde Jesus und vom Heiligen Antlitz zur Kirchenlehrerin. Im Namen des Vaters und des Sohnes und des Heiligen Geistes.»

Die 33 Kirchenlehrer

Chronologische Reihenfolge   *Lebensalter*

Chronologische Reihenfolge	Lebensalter
Hilarius († 367)	Theresia v. Lisieux (24 Jahre)
Athanasius der Große († 373)	Katharina von Siena (33)
Ephräm der Syrer († 373)	Antonius von Padua (36)
Basilius der Große († 379)	Johannes vom Kreuz (49)
Cyrill von Jerusalem († 387)	Thomas von Aquin (49)
Gregor von Nazianz († 389)	Basilius der Große (50)
Ambrosius († 397)	Petrus Chrysologus (50)
Johannes Chrysostomus († 407)	Hilarius (51)
Hieronymus († 420)	Bonaventura (53)
Augustinus († 430)	Franz von Sales (54)
Cyrill von Alexandrien († 430)	Ambrosius (58)
Petrus Chrysologus († 450)	Laurentius von Brindisi (60)
Leo der Große († 461)	Gregor von Nazianz (61)
Gregor der Große († 604)	Johannes Chrysostomus (62)
Isidor von Sevilla († 636)	Beda Venerabilis (63)
Beda Venerabilis († 735)	Bernhard von Clairvaux (63)
Johannes von Damaskus († 750)	Cyrill von Alexandrien (64)
Petrus Damiani († 1072)	Leo der Große (65)
Anselm von Canterbury (1109)	Petrus Damiani (65)
Bernhard von Clairvaux († 1153)	Gregor der Große (66)
Antonius von Padua († 1231)	Teresa von Avila (67)
Thomas v. Aquin († 1274)	Ephräm der Syrer (67)
Bonaventura († 1274)	Cyrill von Jerusalem (71)
Albert der Große († 1280)	Hieronymus (71)
Katharina von Siena († 1380)	Petrus Canisius (76)
Teresa von Avila († 1582)	Augustinus (76)
Johannes vom Kreuz († 1591)	Isidor von Sevilla (76)
Petrus Canisius († 1597)	Anselm von Canterbury (76)
Laurentius von Brindisi († 1619)	Athanasius der Große (78)
Robert Bellarmin († 1621)	Robert Bellarmin (79)
Franz von Sales († 1622)	Albert der Große (80)
Alfons Maria di Liguori († 1787)	Alfons Maria di Liguori (91)
Theresia von Lisieux († 1897)	Johannes v. Damaskus (100)

Die 33 Kirchenlehrer

Geistlicher Stand:

-Zwei Päpste:
Leo der Große
Gregor der Große

-Drei Kardinäle:
Bonaventura
Robert Bellarmin
Petrus Damiani

-Fünfzehn Bischöfe:
Basilius der Große
Petrus Chrysologus
Hilarius
Franz von Sales
Ambrosius
Gregor von Nazianz
Johannes Chrysostomus
Cyrill von Alexandrien
Cyrill von Jerusalem
Anselm von Canterbury
Athanasius der Große
Albert der Große
Alfons Maria di Liguori
Isidor von Sevilla
Augustinus

-Neun Priester:
Thomas von Aquin
Antonius von Padua
Johannes vom Kreuz
Beda Venerabilis
Bernhard von Clairvaux
Hieronymus
Petrus Canisius
Johannes von Damaskus
Laurentius von Brindisi

-Ein Diakon:
Ephräm der Syrer

-Zwei Ordensfrauen:
Teresa von Avila
Theresia v. Lisieux

-Eine Drittordensfrau:
Katharina von Siena

Lehrsprache:

-Deutsch:
Petrus Canisius

-Spanisch:
Johannes vom Kreuz
Teresa von Avila

-Französisch:
Theresia von Lisieux
Franz von Sales

-Griechisch:
Basilius der Große
Cyrill von Alexandrien
Gregor von Nazianz
Johannes Chrysostomus
Cyrill von Jerusalem
Athanasius der Große
Johannes von Damaskus

-Italienisch:
Katharina von Siena
Alfons Maria di Liguori

-Lateinisch:
Hilarius
Bonaventura
Ambrosius
Laurentius von Brindisi
Petrus Chrysologus
Thomas von Aquin
Antonius von Padua
Beda Venerabilis
Bernhard von Clairvaux
Leo der Große
Petrus Damiani
Gregor der Große
Hieronymus
Augustinus
Isidor von Sevilla
Anselm von Canterbury
Robert Bellarmin
Albert der Große

-Syrisch:
Ephräm der Syrer

Werk-Verzeichnis der Kirchenlehrer

Hilarius von Poitiers

1. Exegetische Werke: Kommentar zum Matthäusevangelium; ein Traktat über die Psalmen; Tractatus Mysteriorum (Mysteria im Sinn von Typus oder prophetischer Vorausbilder des Alten Testamentes für Christus und für seine Kirche).

2. Dogmatische Werke: 12 Bücher «De Trinitate»; De fide, Adversus Arianos.

3. Poetische Werke: Abecedarien; Hymnen (vor allem über die Heiligste Dreifaltigkeit).

4. De Synodis (über die 358 und 359 abgehaltenen Synoden in Phrygien im Kampf gegen den Arianismus).

5. Die Briefe an die Bischofskollegen in Gallien; ein Brief an die Tochter Abra (Afra), um sie in ihrem Festhalten an der Jungfräulichkeit zu bestärken.

Athanasius von Alexandrien

1. Oratio contra gentes; er schildert darin die Torheit der Vielgötterei und verteidigt den Monotheismus.

2. Oratio de Incarnatione; hier begründet er gegen Juden und Heiden den Glauben an die Menschwerdung des Sohnes Gottes.

3. Drei Orationes contra Arianos; gegen die Arianer verteidigt er den ewigen Ursprung des Sohnes Gottes aus dem Vater sowie die wesenhafte Einheit des Sohnes mit dem Vater.

4. De incarnatione et contra Arianos.

5. Epistola ad episcopos encyclica; er protestiert darin gegen seine Absetzung.

6. Apologia contra Arianos.

7. Epistola de decretis Nicaeno Synodi; noch verschiedene weitere Briefe zu seiner Verteidigung.

8. Über die Gottheit des Heiligen Geistes (1., 2. und 3. Brief).

9. Vita sancti Antonii; Leben des Wüstenheiligen Antonius. Er hat ihn in seiner Jugend noch persönlich kennen gelernt. Dieses Leben des hl. Antonius ist nach der Bibel das meistverbreitete christliche Buch der Antike.

10. Die Osterfestbriefe, die Athanasius von 328-373 regelmäßig aussandte.

Ephräm der Syrer

Zahlreiche Bibelkommentare, z.B. zur Genesis, zu Exodus, zum Diatesseron, zur Apostelgeschichte, zu den Paulusbriefen.
Zahlreiche Reden und Lieder (Memre, Madrasche, d.h. metrische Reden und sangbare Lieder) gegen die Gnostiker, Arianer und Manichäer.
Die Rede über unseren Herrn (Menschwerdung und Erlösung).
Die Reden über den Glauben (gegen den Arianismus).
Die Hymnen über das Paradies (gegen die Häresien).
Die Hymnen über den Glauben (Christologie und Trinitätslehre).
Die Hymnensammlungen über die Kirche, über Geburtsfest des Herrn, Epiphanie, über Fasten, Pascha und Jungfräulichkeit.
Die armenische Hymnensammlung.
Bittganglieder, Trauerlieder, Grablieder, die Ephräm dichtete und komponierte.
Liturgische Gesänge.
77 Carmina Nisibena (die Lieder aus Nisibis).
Das Testament Ephräms (letzte Grüße und Wünsche des Meisters an seine Jünger).
«Lobgesang aus der Wüste» mit einem Loblied auf den Abendmahlssaal, in welchem Christus Altar und Opfer, Opfer und Opferpriester, Opferpriester, Opferlamm und Opferspeise wurde. «O seliger Raum!».

Basilius der Große

Außer der Philokalia und den beiden Mönchsregeln verfasste Basilius noch folgende Werke:
1. Drei Bücher gegen Eunomius, den Wortführer der strengen Arianer
2. De Spiritu sancto (über den Heiligen Geist und seine Wesensgleichheit mit Vater und Sohn)
3. Neun Homilien über das Hexaemeron (Sechstagewerk), Dreizehn Homilien über die Psalmen
4. Dreiundzwanzig Reden über verschiedene Themen, besonders Lobreden über Märtyrer
5. Mahnworte für die Jugend.
6. 365 Briefe
7. Die so genannte Basilius-Liturgie

Cyrill von Jerusalem

Die berühmten 24 Katechesen: die ersten 18 davon wurden in der Fastenzeit 348 in der Grabeskirche zu Jerusalem für die Taufbewerber (Katechumenen), die fünf letzten in der Osterwoche 348 für die Neugetauften gehalten. Die bedeutendsten dieser Katechesen sind die 19. und 20. über die Taufe, die 21. über die Firmung, die 22. über die Heiligste Eucharistie und die 23. über die Heilige Messe.

Gregor von Nazianz

45 Reden, darunter die 5 theologischen Reden zur Verteidigung der rechtgläubigen Trinitätslehre, Leichenreden beim Tod seines Vaters, seiner Geschwister Caesarius und Gorgonia und beim Tode seines Freundes Basilius.

245 Briefe

Gedichte mit mehr als 17.000 Versen, auch dogmatischem und moraltheologischem Inhalts

Ein Testament mit autobiographischen Ausführungen, ähnlich den Bekenntnissen des hl. Augustinus

Ambrosius von Mailand

Bei seiner zeitraubenden bischöflichen Tätigkeit wundert es, dass er noch Zeit fand für das Verfassen zahlreicher Werke biblisch-exegetischer, aszetisch-moraltheologischer und dogmatischer Art. Die meisten Werke, vor allem die exegetischen, gehen auf seine pastorale Tätigkeit zurück. Sie sind meist überarbeitete Predigten oder sind aus pastoralem Interesse entstanden.

1. Die exegetischen Werke:

Hexaemeron, De Paradiso, De Cain et Abel, De Noe, De Abraham, De Isaac et anima, De bono mortis, De Joseph patriarcha, De Helia et ieiunio, De Nabuthe Jezraelita, De Tobia, De interpellatione, Job et David, Apologia prophetae David ad Theodosium Augustum, Enarrationes in 12 psalmos Davidicos, Expositio in psalmum 118, Expositionis evangelii secundum Lucam libri decem. Ambrosius ist bei diesen exegetischen Werken von Philo von Alexandrien und von Origenes abhängig, deren moralisierende, allegorisierende Schrifterklärung er übernahm.

2. Die moralisch-aszetischen Schriften:

De officio ministrorum libri tres, an die Kleriker der Kirche von Mailand gerichtet im Sinne christlicher Ethik.

De viduis (über die Witwen).

De institutione virginis et Santae Mariae virginatate perpetua ad Eusebium, Exhortatio virginitatis.

In diesen vier Werken über die Jungfräulichkeit preist Ambrosius den gottgeweihten Stand der Jungfrauen und die immerwährende Jungfräulichkeit Mariens als deren Vorbild. Dabei ist Ambrosius zum «Marianischen Kirchenlehrer» und zum Schutzpatron aller Marienverehrer geworden, denn kein Schriftsteller der christlichen Frühzeit hat soviel und so warm über die jungfräuliche Gottesmutter Maria geschrieben.

3. Dogmatische Werke:

De fide ad Gracianum Augustum; hier verteidigt Ambrosius die Gottheit des Sohnes Gottes gegen die Arianer.

De Spiritu Sancto ad Gracianum Augustum libri tres.

De incarnationis dominicae sacramentis; gegen den Arianismus.

De mysteriis; über Taufe, Firmung und Eucharistie.

De sacramentis libri VI.

De poenitentia libri duo; Sündenvergebungsgewalt der Kirche.

4. Ansprachen:

Ansprache beim Tod seines Bruders Satyrus († 378).

Ansprache beim Tod des Kaisers Valentinian († 392).

Ansprache beim Tod des Kaisers Theodosius († 395).

Sermo contra Auxentium de basilicis tradendis (386).

5. Briefe:

Die einundneunzig Briefe geben Aufschluss über Person und Zeit.

6. Hymnen:

Von Ambrosius, den man mit Recht den «Vater des lateinischen Kirchengesangs» genannt hat, stammen sicher vierzehn Hymnen: vier Tagzeiten-Hymnen, drei Festtags-Hymnen, sieben Heiligen-Hymnen. Sie sind nicht, wie man vermuten könnte, als antiarianische Protestlieder gedacht, sondern für das Stundengebet und für den liturgischen Gemeindegesang. Von Augustinus wissen wir, dass Ambrosius Text und Melodie der Hymnen geschaffen hat.

Johannes Chrysostomus

1. Homilien:

Zwei Homilienserien zur Genesis. Eine Reihe von Homilien zu 58 Psalmen. 6 Homilien zu Jesaia. 90 Homilien zum Matthäusevangelium. 7 Homilien zum Lukasevangelium. 88 Homilien zum Johannesevangelium. 3 Reihen von Homilien zur Apostelgeschichte. Eine Reihe von Homilien zu sämtlichen Paulusbriefen. Homilien zu besonderen Anlässen. 21 Homilien über die gestürzten Kaiserstatuen. 2 Predigten über die Vergänglichkeit alles Erdenglücks. Die Rede über die Unüberwindlichkeit der Kirche. Lobreden auf Heilige. 12 Homilien über die Unbegreiflichkeit Gottes und die Wesenseinheit des Sohnes mit dem Vater. 8 Predigten gegen die Juden mit Warnung vor Teilnahme an jüdischen Festen und Gebräuchen. 2 Katechesen an Taufkandidaten. 3 Katechesen über den Teufel. 9 Katechesen über die Buße. Verschiedene Predigten über Kirchenfeste (Weihnachten, Epiphanie, Ostern, Christi Himmelfahrt).

2. Abhandlungen:

De sacerdotio (über das Priestertum). Abhandlung über Hoffart und Kindererziehung. Mehrere Abhandlungen über das Mönchstum. 2 Bücher über die Buße. 3 Bücher gegen die Bekämpfer des monastischen Lebens. Abhandlung über die Jungfräulichkeit. 3 Trostschriften an Stagynus, der vom Dämon gequält wurde, und an jene, die Ärgernis nehmen.

3. Briefe:

236 Briefe aus der Zeit der zweiten Verbannung, gerichtet an 100 verschiedene Adressaten.

Hieronymus

1. Die Revision der lateinischen Übersetzungen der Bibeltexte des Neuen und Alten Testamentes (Vulgata).

2. Kommentare zu Teilen des Alten Testamentes (Psalmen, Prediger, Propheten). Kommentare zu vier Paulusbriefen (Philipper-, Galater- , Epheser-, Titusbrief). Mt-Kommentar.

3. Schriften zur Verteidigung christlicher Ideale (Ordensstand, Jungfräulichkeit, Heiligen- und Reliquienverehrung) gegen Helvidius über die immerwährende Jungfräulichkeit Mariens. Dialoge gegen die Pelagianer, gegen Vigilantius, Apologie gegen Rufinus.

4. Historische Schriften: De viris illustribus (Fortsetzung der Chronik des Eusebius). Vita des Pauls von Theben. Vita des Malchus aus der Wüste Chalzis. Vita des Hilarion aus Palästina.

5. Homilien: 59 Homilien über die Psalmen. 10 Homilien über Markus. 10 Homilien über verschiedene biblische Texte. 14 Psalmenhomilien. 2 Homilien über Jesaia.

6. Briefe: 150 Briefe, 26 davon an Hieronymus gerichtet. Hervorzuheben sind 22 Briefe an Eustochium, sie sind eine Abhandlung über die Bewahrung der Jungfräulichkeit. Der 52. Brief richtet sich an den Priester Nepotian über das priesterliche Leben. Brief Nr. 107 und Nr. 128 an Laeta, an Gaudentius behandeln die Mädchenerziehung.

Augustinus

1. Schriften mit persönlichem Charakter:
Confessiones (die Bekenntnisse), niedergeschrieben 397-398.
Retractationes (Zurückziehung, korrigierende Durchsicht seiner Werke).
Soliloquia (Selbstgespräche über Gott und Seele, besonders über die Unsterblichkeit der Seele).
2. Philosophische Schriften:
Drei Bücher Contra Academicos; darin bekämpft er den Skeptizismus gewisser Neuakademiker und betont die Erkennbarkeit der Wahrheit.
De beata Vita (über das selige Leben); hier betont er, dass die wahre Glückseligkeit in der Erkenntnis Gottes besteht.
De ordine (über die Ordnung); Woher ist das Böse? Die entscheidende Frage der Theodizee.
De Quantitate animae (über die Quantität der Seele; in einem in Rom entstandenen Dialog wird die Immaterialität der Seele besprochen.
De magistro (über den Lehrer); eine Unterredung mit seinem bald darauf verstorbenen Sohn Adeodatus; eine Psychologie des Lehrens und Lernens wird geboten.
Enzyklopedia de septem artibus (über die sieben Künste).
3. Apologetische Schriften: 22 Bücher über die Stadt Gottes (De civitate Dei); es geht um eine Apologie des gesamten Christentums im Vergleich des Reiches Gottes mit dem Reich des Bösen.
4. Dogmatische Schriften:
De fide et symbolo (eine Erklärung des Glaubens an Hand des Glaubensbekenntnisses).
Sermo de symbolo ad catechumenos (Rede über das Glaubensbekenntnis an die Katechumenen).
De Trinitate (über die Dreifaltigkeit); von 399 bis 419 arbeitete Augustinus daran und bemühte sich um die gedankliche Durchdringung des tiefsten Glaubensgeheimnisses, vor allem durch den Hinweis auf Analogien im geschöpflichen Bereich; man erinnert sich an die Erzählung vom Kind, das das Meer mit einer Muschel ausschöpfen will.
De diversis quaestionibus ad Simplicianum (über Fragen, die er dem Priester Simplicianus, der später Nachfolger des hl. Ambrosius wurde, beantwortet.
De octo Dulcitii quaestionibus (über acht Fragen des Dulcitius).
De fide rerum quae non videntur (Glauben an Dinge, die man nicht sieht).
De fide et operibus (über den Glauben und die Werke); ein Glaube ohne Werke reicht zum Heil nicht aus. De conjugiis adulterinis. De cura gerenda pro mortuis (über die Sorge für die Verstorbenen); eine

Antwort auf eine Anfrage des hl. Paulinus von Nola.

5. Schriften gegen Häresien:

De haeresibus (über 88 Häresien, bes. über den Manichäismus).

Contra epistolam Parmeniani.

De baptismo contra Donatistas.

De unitate Ecclesiae.

Contra Gaudentium Donatistarum episcopum (Donatisten-Bischof)

De peccatorum meritis et remissione (über die Verdienste der Sünder und ihre Vergebung).

De baptismo parvulorum.

De spiritu et littera.

De natura et gratia.

De perfectione justitiae hominis.

De gestis Pelagii.

De gratia Christi et de peccato originali (über die Erbsünde).

De nuptiis et concupiscentia (über die Ehe und Begehrlichkeit).

De anima et eius origine (über die Seele und ihren Ursprung).

Contra duas epistolas Pelagianorum.

Contra Julianum.

De gratia et libero arbitrio (über die Gnade und den freien Willen).

De correptione et gratia.

De praedestinatione sanctorum, de dono perseverantiae.

Contra sermonem Arianorum.

Contra Maximinum (gegen den Gotenbischof Maximinus).

6. Biblische Schriften:

De doctrina christiana (über christliche Wissenschaft, 4 Bücher).

De Genesi ad litteram imperfectus liber (über das Buch Genesis).

Locutiones in Heptateuchum.

Enarationes in Psalmos.

De consensu evangelistarum (Übereinstimmung der Evangelisten).

Quaestiones evangeliorum (2 Bücher zu Fragen über das Matthäus- und Lukasevangeliuun).

De sermone Domini in monte (über die Bergpredigt des Herrn).

124 Tractatus in Joannisevangelium.

10 Tractatus in epistolam Joannis I.

7. Moral- und pastoraltheologische Schriften:

De agone christiano (Kampf des Christen mit Teufel und Sünde).

De mendatio (Wesen und Verwerflichkeit der Lüge).

Contra mendatium (eine Schrift gegen die Lüge).

De continentia (über die Enthaltsamkeit).

De bono coniugali (über den Segen der Ehe).

De sancta virginitate (über die heilige Jungfräulichkeit).

De bono viduitatis (über die Witwenschaft).

De opere monachorum (über das Werk der Mönche).

De patientia (über die Geduld).

Speculum (Spiegel: Auszüge von Sittenvorschriften aus dem Alten und Neuen Testament).

De catechizandis rudibus (Katechese für ungebildete Erwachsene).

8. Die Predigten:

Unter dem Namen «Augustinus» veröffentlichte G. Morin 640 Predigten, zu denen noch 138 weitere «Sermones» kommen.

9. Die Briefsammlung:

270 Briefe, darunter 47 an Augustinus und 6 an seine Freunde gerichtet. Brief 211 (über die Ordensregel).

10. Gedichte: Ein Gedicht über die Seele (de anima).

Cyrill von Alexandrien

1. Exegetische Werke:

De adoratione et cultu in spiritu et veritate (Anbetung und Kult in Geist und Wahrheit).

13 Bücher Glaphyra (allegorische Exegese ausgewählter Stellen des Pentateuchs).

Kommentar zu Jesaia und zu den Kleinen Propheten.

Kommentar zum Johannes-Evangelium.

2. Dogmatische Werke:

De sancta et consubstantiali Trinitate; Denkschriften.

De recta fide an Kaiser Theodosius II.

De recta fide an die drei Schwestern des Kaisers.

12 Anathematismen und 3 Apologien dieser Anathematismen.

Adversus Nestoni blasphemias.

Apologeticus ad Imperatorem (Rechtfertigung seines Verhaltens in Ephesus 431).

Scholia de incarnatione Unigeniti.

Quod unus sit Christus.

Adversus nolentes confiteri sanctam virginem esse Deiparam (gegen jene, die nicht bekennen wollen, dass die heilige Jungfrau Gottesgebärerin ist).

Adversus libros athei Juliani (über die Schrift «Gegen die Galiläer» des Kaisers Julian des Apostaten).

3. Briefe:

29 Osterfestbriefe (für die Jahre 414 bis 442).

90 dogmatisch wichtige Briefe.

4. Predigten: 20 zum Teil nur fragmentarisch noch erhaltene Predigten auf dem Konzil von Ephesus mit dem berühmten Lobpreis der Theotokos (der Gottesgebärerin).

Petrus Chrysologus

Es sind die uns überlieferten 176 Predigten (Sermones). Diese Predigten bekunden eine gründliche Vorbereitung und Ausarbeitung, sie sind reich an Bildern und Wortspielen und schließen immer mit einem rhytmischen Schluss, der wieder auf die Begabung und rhetorische Bildung des Autors dieser Predigten schließen lässt. Der wortgewaltige Prediger Petrus Chrysologus war zugleich ein überaus eifriger Seelenhirt, der unermüdlich das Wort Gottes verkündete und vor allem auf die väterliche Liebe Gottes hinwies, was ihm den Ehrentitel eines «Lehrers der väterlichen Liebe Gottes» eingetragen hat.

Ebenso könnte man ihn aber auch den Lehrer der Christus- und Mariengeheimnisse nennen, denn er, der seine gehaltvollen Predigten in der Zeit zwischen den beiden christologischen Konzilien von Ephesus (431) und Chalkedon (451) gehalten hat, spricht oft über das wunderbare staunenerregende Geheimnis der Menschwerdung des Sohnes Gottes im jungfräulichen, unbefleckten Mutterschoß Mariens, wobei die beiden Naturen, die göttliche und die menschliche, unvermischt, unverwandelt und untrennbar geeint wurden. Inhaltlich geht es bei den Predigten des hl. Petrus Chrysologus teils um Homilien zu Evangelien-Perikopen, teils um Erklärungen zu einzelnen Abschnitten der Paulusbriefe, dazu kommen sieben Predigten über das Glaubensbekenntnis, sechs über das Vater unser, dann noch Gelegenheitspredigten, etwa bei Bischofsweihen oder zum Lobpreis von bestimmten Heiligen, ganz besonders aber – dreißig an der Zahl – Predigten über das Geheimnis der Menschwerdung Gottes.

Petrus Chrysologus zeigt dabei viel Ähnlichkeit mit seinem päpstlichen Freund Leo dem Großen, mit dem er auch übereinstimmte in der Auseinandersetzung mit den Häretikern der damaligen Zeit.

Leo der Große

97 Ansprachen und 143 Briefe. In seinen Ansprachen, vor allem zu den Festen des Herrn (besonders Weihnachten), zeigt Leo, dass der Triumph des wahren Glaubens gegen christologische Irrlehren (Monophysitismus und Nestorianismus) nicht nur ein Sieg Christi ist, sondern auch derjenigen, die ihn in Jungfräulichkeit empfangen und geboren hat: Maria.

In den Ansprachen, vor allem aber im berühmten Schreiben an den Patriarchen Flavian hat Papst Leo der Große neben der Klärung des «Persongeheimnisses Jesu Christi» auch für den Glauben an die jungfräuliche Gottesmutter Worte gefunden, «die in der Vereinigung von adelig zuchtvoller Zurückhaltung mit inniger Tiefe» (H. Rahner) typisch geworden sind.

Gregor der Große

1. Der in den Jahren 579-585 in Konstantinopel entstandene Job-Kommentar «Moralia in Job». Hier lernt man Gregors Art, die Heilige Schrift historisch, allegorisch und moralisch zu kommentieren kennen. Dieses Werk ist reich an moraltheologischen Erörterungen, praktischen Anwendungen und Ermahnungen.

2. Liber regulae pastoralis. Hier entwirft Gregor das Bild von der Würde des Priesters, das bis weit in das Mittelalter hinein Anregung für die Seelsorge abgab. Dieses Werk entwarf Gregor anlässlich seines Antritts des Petrusamtes als Programmschrift. Er zeichnete darin das Ideal eines Hirten der Kirche, die Gesinnung, die er in der Seelsorge haben soll und die Beweggründe, die ihn leiten sollen. Der Priester soll darüber täglich sein Gewissen erforschen.

3. Die 854 überlieferten Briefe, die ein beredtes Zeugnis der unermüdlichen pastoralen Tätigkeit Gregors sind.

4. Dialog über Leben und Wunder der italischen heiligen Väter, voran des hl. Benedikt von Nursia. Dieses 593/594 entstandene Werk bietet in der Einkleidung der antiken Kunstform des Dialogs Berichte über Wundertaten, Prophezeiungen und Visionen von heiligen Persönlichkeiten Italiens. Übertriebene Wundersucht wird Gregor vorgehalten. Kaum ein pastoraler Schriftsteller wurde im Mittelalter so häufig gelesen, so dass dies der Grund sein könnte, warum Bonifaz VIII. Papst Gregor den Großen den drei abendländischen Kirchenvätern Ambrosius, Hieronymus und Augustinus als vierten Kirchenvater hinzugefügt hat, obwohl Gregor kaum theologische Originalität eigen war.

5. Die 40 Homilien zu den Evangelien.

6. Die 22 Predigten aus dem Jahre 593, die eine fortlaufende Erklärung von Ezechiel 1-3 und 40 bieten.

Isidor von Sevilla

1. Differentiarum libri duo (ein Synonymenlexikon).

2. Etymologiae libri viginti (20 Bücher Etymologien, eine Realenzyklopädie, die versucht, das gesamte menschliche Wissen syste-

matisch zu ordnen. Es ist das einflussreichste und am weitesten verbreitete Werk Isidors)

3. De ortu et obitu Patrum liber unus (biographische Notizen über 86 biblische Persönlichkeiten).

4. De ecclesiasticis Officiis libri duo (über die Liturgie, das Kirchenjahr, die kirchlichen Ämter und Stände).

5. De natura rerum ad Sisebutrum regem liber unus (über die Natur der Dinge an König Sisebut; von der Zeiteinteilung, von den Himmelskörpern, vom Klima und Wetter, vom Meer und vom Festland).

6. De numeris liber unus (über die Zahlen, die in der Heiligen Schrift vorkommen, ihre mystische Bedeutung).

7. De nominibus Legis et Evangeliorum liber (über die Namen des Alten Testamentes und der Evangelien).

8. Sententiarum libri tres (ein Lehrbuch der Dogmatik und Moral).

9. Contra Judaeos libri duo (Was der katholische Glaube festhält, wird durch Zeugnisse des Alten Testamentes, Gesetz und Propheten, dargelegt).

10. De viris illustribus liber unus (berühmte Männer).

11. Regulae monachorum liber unus (Mönchsregel; Zusammenfassung des besten monastischen Traditionsgutes aus Ost und West).

12. De Origine Gothorum et Regno Suevorum et etiam Vandalorum Historia liber unus (über die Herkunft der Gothen und das Reich der Sueven und auch der Vandalen und deren Geschichte).

13. Quaestionum libri duo (Erörterungen der alttestamentlichen Typen).

14. Briefe.

Beda Venerabilis

Bedas Schriften wurden vom ihm am Schluss seiner Kirchengeschichte Englands in einem Indiculus, der bis 731 reicht, aufgezählt.

1. Kommentare zur Heiligen Schrift und Homilien:

a) Capitula lectionum in Pentateuchum

b) In Psalmorum librum exegesis

c) Aliquot quaestioniun liber; es sind 15 theologische Abhandlungen über die Engel, über den freien Willen, über die Erbsünde und über die menschliche Erlösung.

d) Kommentar zum Matthäusevangelium

e) Kommentar zum Johannesevangelium

f) Kommentar zum Lukas- und zum Markusevangelium

g) Super acta Apostolorum expositio (Darlegung über die Apostelgeschichte)

h) Libellus retractationis in Actus Apostolorum

i) De nominibus locorum quae leguntur in libro Actuum Apostolorum (über die Ortsnamen, die in der Apostelgeschichte vorkommen)

j) Homiliarum Evangelii libri duo (50 Homilien)

2. Aszetische Werke:

a) Libellus precum

b) Collectio Psalterii oder Psalterium parvum

c) Officii Libellus

d) De meditatione Passionis Christi per septem diei horas (über die Betrachtung des Leidens Christi an den sieben Tageshoren)

e) De remediis peccatorum (über die Heilmittel der Sünder)

3. Geschichtliche Werke:

a) Historia ecclesiastica Gentis Anglorum (Kirchengeschichte des englischen Volkes)

b) Historia Abbatum, Vita quinque sanctorum Abbatum (hier geht es um die Geschichte der beiden Klöster Wearmouth und Jarrow und deren fünf erste Äbte St. Benedikt Biscop, St. Ceolfrith, Estervin, Sigfrid und Huethberth)

4. Hagiographische Werke:

a) Vita sancti Cuthberti

b) Vita sancti Felicis de Nola

c) Vita et passio sancti Anastasii

d) Martyrologium de natalibus sanctorum martyrum diebus

e) Martyrologium poeticum

f) Chronicum minus (bis 703)

g) Chronicum maius (bis 725)

5. Didascalische Werke (Kirchenordnung betreffend):

a) De Arte metrica (über die Kunst der Metrik)

b) De Schematibus et Tropis Sacrae Scripturae (über Schemata und Tropen der Hl. Schrift)

c) De Orthographia (über die Rechtschreibung)

6. Wissenschaftliche Werke:

a) De natura rerum (über die Natur der Dinge)

b) De Temporibus liber (das Buch über die Gezeiten)

c) De ratione Temporum (über die Zeiteinteilung)

d) De ratione Computi liber (Buch über das Rechnen)

7. Poetische Werke:

a) Liber Hymnorum (Das Buch der 12 Hymnen)

b) Liber Epigrammatum (Das Buch der Inschriften)

c) De die iudicii (über den Tag des Gerichtes)

d) Precatio ad Deum (Fürbitte an Gott)

e) Hymnus Virginitatis oder Hymnus sanctae Edilthrudae (Hymnus auf die hl. Edeltraud)

f) Dichterische Paraphrasen für 3 Psalmen (Psalm 41, 112 und 83)

8. Die Briefe:

Alle 16 Briefe und einige Brieffragmente sind kleine theologische Traktate, vor allem der zweite Brief, gerichtet an Egbert, einst Schüler Bedas, nun aber zum Erzbischof von York ernannt. Dieser Brief ist eine kleine Abhandlung über Pastoraltheologie. Beda schreibt da unter anderem, es gäbe in England bereits zu viele Klöster; viele von diesen seien nur dem Namen nach Klöster. Er weist den ernannten Erzbischof von York darauf hin, dass das Volk im zunehmenden Maße nachlässig werde im Empfang der Sakramente. Er soll darauf dringen, dass wieder die Praxis der täglichen Kommunion eingeführt werde, wie sie auf dem Kontinent und in der römischen Kirche üblich sei.

Johannes von Damaskus

1. Die «Quelle der Erkenntnis» ist nach 742 entstanden und Kosmas, seinem Adoptivbruder, der 743 Bischof von Majuma bei Gaza geworden war, gewidmet. Das Werk hat drei Teile: 1. Dialektika, eine philosophische Einleitung in die Dogmatik). 2. eine Geschichte der Häresien u.a. des Islam. 3. «De fide orthodoxa» (über den rechten Glauben.). Der Einfluss dieses dritten Teiles – in 100 Kapiteln werden die Hauptdogmen des Christentums behandelt – auf die mittelalterlichen Theologen war sehr groß.

2. Drei Predigten über die rechte Bilderverehrung «Orationes pro sacris imaginibus» (Gegen die Schmäher der heiligen Ikonen).

3. Liturgische Hymnen, Lieder, u.a. Hymnus über die Dreieinigkeit.

4. 13 Homilien, darin über die Geburt Mariens und ihre Aufnahme in den Himmel. Den hl. Johannes von Damaskus beschäftigten nämlich nicht nur dogmatische und moraltheologische, sondern auch asketische, exegetische und historische Fragen.

Petrus Damiani

1. Etwa 60 kleine Werke (Opusculia) aszetischen, historischen, kanonistischen, apologetischen und dogmatischen Inhalts. Nur die wichtigsten Werke seien genannt: Das schönste kleine Werk ist das Opusculum XI: «Dominus vobiscum», geschrieben zwischen 1048 und 1055.

Opusc. IX: Liber gratissimus

Op. VII: Liber Gomorrhiamus

Op. XXXVIII: Contra errorem Graecorum de processione Spiritus Sancti (gegen den Irrtum der Griechen, über den Hervorgang des

Heiligen Geistes nur aus dem Vater, geschrieben im Jahre 1062).

Op. II: Antilogus contra Judaeos

Op. III: Dialogus inter judaeum ... et christianum

Op. I: De fide catholica (geschrieben zwischen 1060 und 1071; darin behandelt Petrus Darmani tief die Grundgeheimnisse des Christentums)

Opus: De divina ommpotentia; hier hat er den Gedanken der Philosophie als «ancilla theologiae» stark unterstrichen.

2. Hagiographische Schriften:

Das Leben des hl. Odilo v. Cluny

Das Leben des hl. Maurus, Bischof von Cesena

Das Leben des hl. Rodolf, Bischof von Gubbio

Das Leben des hl. Dominicus Loricatus

Die Passio der Jungfrauen Flora und Lucilla.

3. 170 ganze oder in Bruchstücken erhaltene Briefe

4. 53 Predigten

5. ca. 240 Gedichte, Epigramme, Betrachtungen, Gebete und Messformulare. Die Gebete und Hymnen sind geschrieben mit dichterischem Schwung und mit Gefühlswärme. Sie stehen ganz im Dienste der monastischen Frömmigkeit und der kirchlichen Reform.

Anselm von Canterbury

1. Monologion oder nach dem ursprünglichen Titel: «Exemplum meditandi de ratione fidei»

2. Proslogion oder nach dem früheren Titel: «Fides quaerens intellectum»

3. 3 kleine Werke: «De Grammatico, De Veritate, De libero arbitrio»

4. De casu diaboli (Der Fall des Teufels)

5. Epistola de Incarnatione Verbi oder ursprünglich: «De fide Trinitatis et de Incarnatione verbi contra blasphemias Rutelini

6. Cur Deus homo? (Warum ist Gott Mensch geworden?)

7. De conceptu virginali et de originali peccato (über die jungfräuliche Empfängnis und die Erbsünde)

8. De processione Spiritus Sancti (Hervorgang des Heiligen Geistes)

9. Epistola de sacrificio azymi et fermentati, Epistola de Sacramentis Ecclesiae

10. De nuptiis consanquineorum

11. De concordia praescientiae et praedestinatione et gratiae Dei cum libero arbitrio

12. De potestate et impotentiae possibilitate et impossibilitate, necessitate et libertate

13. Orationes et meditationes (19 Gebete und 3 Betrachtungen)

14. 475 Briefe, die ein anziehendes Bild der Persönlichkeit Anselms geben und auch eine gute Quelle für die Kirchengeschichte Englands liefern.

Bernhard von Clairvaux

1. Über 551 Briefe privaten, freundschaftlichen, pastoralen, kanonistischen, politischen, kirchenpolitischen und dogmatischen Inhalts
2. De gradibus humilitatis et superbiae (über die Stufen der Demut und des Stolzes), Apologia ad Guillelmum abbatem (Apologie an den Abt Wilhelm), Epistola de charitate (über die Liebe)
3. De moribus et officio episcoporum (über das sittliche Leben und die Aufgabe der Bischöfe), De baptismo (über die Taufe)
4. De gratia et libero arbitrio (über die Gnade und den freien Willen), Ad milites Templi de laudibus novae militae (an die Tempelritter, Lobrede auf das neue Rittertum)
5. De diligendo Deo (über die Gottesliebe)
6. Sermones super Canticum canticorum (Ansprachen zum Hohen Lied)
7. Tractatus contra capitula errorum Petri Abaelardi
8. Ad clericos de conversione (an die Kleriker über Bekehrung), De praecepto et dispensatione (über Gebot und Entpflichtung).
9. Vita sancti Malachiae (das Leben des hl. Malachias)
10. De consideratione ad Eugenium papam (über die Besinnung)
11. In laudibus Virginis Matris (Lob der jungfräulichen Mutter)
12. Predigten zum Kirchenjahr (Sermones per annum)
13. Predigten über den Psalm «Qui habitat»
14. Predigten über verschiedene Themen
15. Sententiae (Sinnsprüche) In seinen für die Mönche bestimmten Werken behandelte Bernhard die wichtigsten Themen der Dogmatik und Askese im Blick auf den sündigen, gottsuchenden Menschen, der in Christus und Maria seine strahlenden Vorbilder sieht. Alle Werke des hl. Bernhard liegen in 9 Bänden in deutschem und lateinischem Text vor (Innsbruck 1990/98).

Antonius von Padua

1) Sermones Dominicales (Sonntagspedigten)
2) Sermones in Solemnitatibus Sanctorum (Heiligenpredigten)
In diesen sicher von Antonius stammenden Predigtentwürfen geht es um eine Verkündigungstheologie (=kerygmatische Theologie), wobei die Heilige Schrift in der vierfachen Deutung zur Geltung kommt, nämlich im wörtlichen, allegorischen, tropologischen (=uneigentlichen, figürlichen) und anagogischen (=höheren geistigen) Sinn. Antonius

bevorzugt dabei den tropologischen oder moralischen Sinn der Heiligen Schrift entsprechend der praktischen Zielsetzung, die er in diesen Predigtvorlagen verfolgte. Diese zweifachen Predigtreihen können noch heute eine kostbare Hilfe für die Predigten an den entsprechenden Festen und Denkanstöße für gläubig-fromme Darlegungen von Glaubenswahrheiten sein.

Die von Antonius behandelten Themen sind folgende: der Glaube, die Gottesliebe, die Hilfsbereitschaft gegenüber den Armen, das Gebet, die Demut, der Bußgeist, die damals zur Zeit des hl. Antonius besonders verbreiteten Laster des Stolzes, des Geizes, der Vergnügungssucht, der Habsucht (Wucher). Besonders erwähnt gehören unter den Heiligenpredigten die sechs Predigten für Marienfeste, denn sie stellen eine kleine, a komplette herzerwärmende Mariologie dar.

Thomas von Aquin

Der Kommentar zu den Sentenzen des Petrus Lombardus (aus Vorlesungen an der Pariser Universität hervorgegangen, 1254-1256). Die 63 so genannten Quaestiones disputatae über die wichtigsten Themen aus dem Gebiet der Theologie. Die «Summa contra Gentiles» (auf Anregung Raymunds von Penaforte für die Maurenmission in Spanien verfasst, am Hof Urbans IV. in Orvieto vor 1264 vollendet).

«Summa theologica» (gegen Ende seines Lebens geschrieben): 1.Teil über Gott, seine innere Tätigkeit und Fruchtbarkeit in der Trinität; über Gott als Ursache der Geschöpfe; 2.Teil: Die Bewegung der vernünftigen Kreatur zu Gott hin; 3.Teil: über Christus, sein Leben und Wirken, die Sakramente bis zum Bußsakrament.

Das «Compendium theologiae» (über den Inhalt der Offenbarung in ihrer Beziehung zu den drei göttlichen Tugenden: Glaube, Hoffnung und Liebe.

Die «Opuscula», z.B. Darlegung über das apostolische Glaubensbekenntnis, Darlegung über das Gebet des Herrn, Darlegung über den Engelsgruß, über die Gebote der Liebe und die zehn Gebote, über die Artikel des Glaubens und die Sakramente der Kirche, über die Irrtümer der Griechen, über die unheilschaffende Lehre derer, die die Menschen vom Ordenseintritt abhalten, über die Vollkommenheit des geistlichen Lebens, über die Gegner der Gottesverehrung und der Religion, über die Form der Lossprechung.

Schriftkommentare: Zu Job, zu den Psalmen, zu Jesaia, zu Jeremia, zu den Klageliedern, zu den vier Evangelien, die Expositio in S. Pauli epistolas. Aristoteles-Kommentar und philosophische Opuscula.

Bonaventura

Commentarii in quattuor libros sententiarum (1250-53);

Breviloquium (1256) eine «kondensierte Summa Theologica», die in sieben Büchern folgende Themen in unübertrefflicher Systematik bespricht: De Trinitate Dei (Dreifaltigkeit Gottes), De creatura mundi (Erschaffung der Welt), De corruptela peccati (Unheil der Sünde), De incarnatione Verbi (Menschwerdung des Ewigen Wortes), De gratia Spiritus sancti (Gnade des Heiligen Geistes), De medicina sacramentali (Sakramentsmedizin), De statu finali (endgültiger Zustand).

Itinerarium mentis in Deum (1259): hier wird alles auf Gott zurück geführt und die verschiedenen Wege und Stufen der Erkenntnis Gottes entwickelt.

De reductione artium ad Theologiam (1259): Die Zurückführung der Künste zur Theologie

Quaestiones disputatae: de scientia Christi (über das Wissen Christi), de mysterio Ss. Trinitatis (über das Geheimnis der Dreifaltigkeit), de perfectione evangelica (1254-56, über die Vollkommenheit des evangelischen Lebens)

Collationes de septem donis Spiritus Sancti (über die 7 Gaben des Hl. Geistes)

Collationes in Hexaemeron (über das Sechstagewerk)

Kommentar zum Ecclesiastes, zum Buch der Weisheit, zum Lukas evangelium, zum Johannesevangelium

Sermones, Predigten: de tempore, de Sanctis, de Beata Maria Virgine, de diversis

Kleinere Werke (Opuscula): Incendium amoris (Feuerbrand der Liebe); Lignum vitae (das Kreuz, das Holz des Lebens); Vitis mystica (mystischer Weinstock); Soliloquium (Einzelgespräch); De sex alis Seraphin (über die 6 Flügel der Seraphin)

Schriften über die Ordensregel und das Ordensleben, z.B. Apologia pauperum. Zwei Fassungen des Lebens des hl. Franziskus.

Albert der Große

Die auf 40 Bände angelegte Gesamtausgabe seiner Werke ist immer noch nicht vollendet. Albert, der schon sehr früh den Beinamen «Magnus» erhielt und mit Recht «Doctor universalis» genannt wurde, besaß ein Wissen, das nicht bloß alle Gebiete der Philosophie und Theologie seiner Zeit umfasste, sondern auch die weitesten Zweige der Naturwissenschaft (Botanik, Zoologie, Geographie und Geologie). Er schrieb Kommentare zu allen Büchern des «Dionysius Areopagita» und zu den Sentenzen des Petrus Lombardus, er schrieb auch Kommentare zu den vier Evangelien und zu den meisten Propheten (Jesaia, Jeremia, Ezechiel, Baruch, Daniel).

Ausdrücklich seien nur die theologischen Werke genannt:

1. Quaestiones theologicae De Sacramentis, De Incarnatione, De resurrectione, De quattuor coaequaevis (scil. de materia prima, de tempore, de coelo et de angelis), De homine, De bono sive de virtutibus

2. Super primo, secundo, tertio, quarto, libro Sententiarum

3. Summa de mirabili scientia Dei

4. De corpore Domini

5. De sacrificio Missae. 6. De forma orandi (Pater noster)

7. Orationes super Evangelia dominicalia.

Katharina von Siena

1. Die Briefe, 381, sie wurden von katerinas Sekretären, die ihr zur Verfügung standen, diktiert. Sie selbst konnte gar nicht schreiben. Diese Briefe stellen eine unschätzbare Quelle ersten Ranges zur Zeitgeschichte dar.

2. Die Gebete

3. Der Dialog (von Katharina «il libro» genannt, von den Jüngern ;,il libro della divina providenza», Buch der göttlichen Vorsehung, betitelt). Es wurde 1377/1378 von Katharina diktiert, es handelt über Gotteserkenntnis, göttliche Vorsehung, über Tugenden, über den Gehorsam und die Liebe zur Kirche und zum Nachfolger Petri («Christus auf Erden»).

Teresa von Avila

1. Geistliche Berichte (Relaciones espirituales) die für ihre Seelenführer bestimmt waren und über mystische Gnaden Aufschluss gaben.

2. Das Leben (libro de la vida oder Libro de las misericordias de Dios): Autobiographie Teresas bis zur ersten Reformkloster-Gründung

3. Weg der Vollkommenheit (Camino de perfecciones): Anleitung der Ordensfrauen im Kloster Jose in Avila über das innere Gebet

4. Die Klostergründungen (Las Fondaciones)

5. Die Seelenburg (Castillo interior, Las Moradas)

6. Gedanken der göttlichen Liebe (Conceptos del amor de Dios) im Anschluss an Stellen des Hohen Liedes

7. Rufe der Seele zu Gott (Exclamationes del alma a Dios), flammensprühende Gebete und Betrachtungen

8. Satzungen (Constitutiones) für die unbeschuhten Karmelitinnen

9. Visitationsverfahren in den Klöstern (Modo de visitar los

conventos de las religiosas)

10. Ermahnungen (Avisos) für die Ordensschwestern

11. Geistlicher Wettkampf (Desafio espiritual) gegen zu große Strenge und für gemildertes Vollkommenheitsstreben

12. Satirische Antwort (vejamen) auf eine Umfrage bei Geistesmännern über das Schriftwort «Suche dich in mir».

13. Gedanken und Denksprüche (Pensamientos y sentencias)

14. Gedichte (Poesias)

15. 400 Briefe, die erhalten geblieben sind aus mehreren Tausend.

Johannes vom Kreuz

1. Während der 9-monatigen Gefangenschaft 1577/78 schrieb er den «Geistlichen Gesang», einen lyrischen Hymnus auf die mystische Vereinigung der begnadeten Seele mit ihrem Bräutigam Christus. Dieses Werk ist zugleich eine didaktische Abhandlung über die mannigfachen Wirkungen des beschaulichen Gebetes.

2. Der «Aufstieg zum Berge Karmel», eine Schilderung des Weges zur höchsten Vollkommenheit, zur Vereinigung der Seele mit Gott.

3. Das Gedicht «In einer dunklen Nacht» fasst in 8 Strophen die mystischen Erfahrungen zusammen.

4. «Die lebendige Liebesflamme», sie ist der Anfang der Erklärung jener Strophen, die die intimste Einigung der Seele mit Gott und ihrer gewissermaßen werdenden Umformung in Gott beinhalten.

5. Die Briefe von 1586-91 (aus den letzten Lebensjahren des Heiligen). Sie bezeugen eine außerordentliche Reife und Zartheit des Geistes.

6. Einige kleinere Schriften: Verhaltensmaßregeln für Ordenspersonen; 4 Winke für einen Ordensmann um zur Selbstvervollkommnung zu gelangen; geistliche Leitsätze und Denksprüche. Aussprüche über das geistliche Leben; Gedichte; Zwiegespräche zwischen dem Bräutigam Christus und der bräutlichen Seele; kurze Abhandlung über die dunkle, bejahende und verneinende Erkenntnis Gottes sowie über die Art der Liebesvereinigung der Seele mit Gott.

Der Wahlspruch des hl. Johannes vom Kreuz lautete: «Dios, solo Dios! – Gott, Gott allein!» Und sein Ziel war: «Union con Dios, transformation en Dios! – Einheit mit Gott, Umwandlung durch Gott». (Chr. Feldmann).

Sämtliche Werke des Johannes vom Kreuz in deutscher Übersetzung von Irene Behn, 4 Bände, Einsiedeln 1964.

Petrus Canisius

Es ist erstaunlich, wie Canisius inmitten all der vielen Sorgen und Arbeiten als Wortführer des kath. Glaubens, als Konzilstheologe, als Fürstenberater, als Provinzial und päpstlicher Legat noch Zeit und Kraft fand, um eine ganze Anzahl hervorragender Werke zu schreiben, die allein schon ein vollbeschäftigtes Leben mit Arbeit restlos ausgefüllt hätten (Pius XI. im Dekretalschreiben vom 21.5.1925).

1. Das Verteidigungswerk der katholischen Wahrheit gegen die Magdeburger Zenturiatoren: De verbi Dei corruptelis (1571) über die Entstellungen des Gotteswortes: I. De Joh. Baptista (über Buße und Rechtfertigung), II. De Maria Virginae (über Marienverehrung).

2. Über 30 von Canisius selbst veröffentlichte Werke, darunter: kirchliche Lesungen und Gebete für kath. Schulen; Unterweisungen und Übungen; Anmerkungen zu den Lesungen aus den Evangelien (Notae in evangelicas lectiones, 2 Bände, 1591-93); Handbuch der Frömmigkeit; Unterweisungen über das Gebet für einen christlichen Prinzen; mehrere Gebetbücher und Heiligenlegenden; etwa 2000 Predigten in noch unveröffentlichten Handschriften über Fragen der Glaubens- und Sittenlehre; Ausgaben von Briefen mehrerer Kirchenväter.

3. Der Catechismus maior (Summa doctrinae christianae, 1555). Catechismus minimus (1556). Parvus catechismus catholicorum 1558. Der Katechismus wurde bis 1597 über zweihundertmal aufgelegt.

4. Die Bekenntnisse des Petrus Canisius (um 1570) und sein geistliches Testament (um 1596).

Laurentius von Brindisi

1. Mariale (die Predigten über Maria)
2. Lutheranismi Hypotyposis (Auseinandersetzung mit dem Lutheraner Polykarg Leyser)
3. Quadragesimale Primum, Quadragesimale Secundum, Quadragesimale Tertium, Quadragesimale Quartum (Fastenzeit-Predigten)
4. Dominicalia (Predigten für die Sonntage)
5. Sanctorale (Predigten über Heilige)
6. Sermones de tempore adiectis opusculis
7. Explanatio in Genesim (Erklärung der ersten elf Genesis-Kapitel)
8. De numeris amorosis (ein kleines Werk über die mystische und cabalistische Bedeutung des hebräischen Gottesnamens)

Unter seinen uns überlieferten Predigten sind am bedeutendsten jene über Maria, sie sind zusammengefasst als «Mariale», das aus 84 Predigten «De laudibus, de invocatione et de festis Beatae Mariae

Virginis» (über die Lobpreisung, die Anrufung und die Feste der seligen Jungfrau Maria) besteht und insgesamt eine solide «Summa Mariana» darstellt, weil dabei alle marianischen Glaubenswahrheiten, auch die beiden Dogmen der «Immaculata» und «Assumpta» lichtvoll dargelegt und verteidigt werden.

Robert Bellarmin

Das Hauptwerk: «Disputationes de controversiis christianae fidei adversus huius temporis haereticos»: Diese drei Bände entstanden aus seinen Vorlesungen. Die «Disputationes» behandeln die wichtigsten Fragen des Glaubens in drei Gruppen.

1. Das Wort Gottes in Schrift und Überlieferung, Christus und die Kirche.

2. Die Gnade und Freiheit, Sünde und Rechtfertigung.

3. Die Gnadenmittel oder die Sakramente. Die in diesem Werk ausgebreitete Gelehrsamkeit und Klarheit sind sogar von den Gegnern anerkannt und bildeten lange Zeit den Angelpunkt der Kontroverse zwischen den Katholiken und Protestanten (M. Grabmann).

Weitere Werke sind: De Jacobo I., Angliae Rege super potestate tum regis ttun pontificis disputatio. De translatione Imperii Romani. De libro Concordiae. De indulgentiis et jubilaeo.

Kleiner Katechismus (Dottrina cristiana breve) Rom 1597, 400 Auflagen, in 50 (u.a. orientalische) Sprachen, in den Missionen verbreitet.

Declaratio symboli pro parochis (1617)

Großer Katechismus (Dichiarazione piu copiosa della dottrina cristiana.

Asketische Schriften: De gemitu columbae (die seufzende Taube). De arte bene moriendi (die Kunst gut zu sterben). De dono lacrymarum (die Gabe der Tränen). De septem verbis a Christo in cruce prolatis (7 Worte Christi am Kreuz). De aeterna felicitate sanctorum (das ewige Glück der Heiligen). De ascensione mentis in Deum per scalas creaturarum (Aufstieg des Geistes zu Gott auf den Stufen der Geschöpfe). De officio principis christiani (Aufgabe eines christlichen Fürsten).

Franz von Sales

1. Le Controversie, niedergeschrieben und zusammengesetzt in der Zeit seiner missionarischen Tätigkeit in der Chablais. Es geht dabei um die Kurzfassung der wichtigsten Glaubenswahrheiten im Gegensatz zu den Irrlehren der Reformatoren.

2. Verteidigung der Standarte des Kreuzes. Es ist die Antwort auf ein

Buch des Ministers La Faye, der die Verehrung des Kreuzes bestritt.

3. Anleitung zum religiösen Leben, genannt «Philothea». Dieses kleine Werk fand größte Verbreitung; es erlebte noch zu Lebzeiten des Autors 40 Auflagen. Bis 1665 war es in 17 Sprachen übersetzt worden.

4. Abhandlung über die Gottesliebe oder «Theotimus» genannt. Dabei geht es um die Frucht langer Betrachtungen und Überlegungen über das, was bedeutende Autoren der aszetischen und mystischen Theologie geschrieben haben. «Theotimus» ist wohl Franzens Hauptwerk.

5. Geistliche Konferenzen. Hier geht es um Gespräche in familiärem Kreis, über verschiedene Themen, wie die Haupttugenden, die Episoden im Leben Jesu usw.

6. Die reiche Korrespondenz: 2100 Briefe, die bisher veröffentlicht wurden und die wohl nur ein Drittel der Briefe sind, die Franz von Sales geschrieben hat.

Alfons di Liguori

I. Aszetische Werke:

1. «Massirre eterne» (ewige Grundsätze, verfasst von 1728-1730). Hier geht es um eines der am meisten verbreiteten Werke, das bis 1960 1163 Auflagen erlebte, 412 italienische, 301 französische, 274 deutsche, ein kleines, aber sehr fruchtbares Werk.

2. Consideracioni supra le virtu e pregi di S. Teresa (1743)

3. Visite al Ss. Sacramento ed a Maria Santissima (1745). Hier geht es um ein verbreitetes Werk, das die Ehrfurcht und den Glauben gegenüber dem Altarssakrament und die Verehrung Mariens überaus förderte.

4. Riflessioni utili a Vescovi (nützliche Überlegungen für Bischöfe, 1745)

5. Avvisi spettanti alla vocazone religiosa (Anmerkungen in Bezug auf den Ordensberuf, 1749)

6. Le glorie di Maria (die Herrlichkeiten Mariens, 1750).

7. L'amore dell'anime (die Liebe zu den Seelen, 1751).

8. L'uniformita alla volonta di Dio (Gleichförmigkeit mit dem Willen Gottes, 1755).

9. Apparecchio alla morte, cioe Considerazioni sulle Massime eterne, utili a tutti per meditare ed ai sacerdoti per predicare (Vorbereitung auf den Tod, 1758)

10. Nove discorsi da farsi in occasione di fragelli (11 Ansprachen zur Novene vor Weihnachten, Betrachtungen über die Hl. Nacht, Novene zum Herzen Jesu, Betrachtungen zu Ehren des hl. Joseph)

11. Del gran mezzo della preghiera (das große Mittel des Gebetes)

12. Selva di materie predicabili ed istruitive (ein Wald von Themen, über die gepredigt werden soll.)

13. La Messa e l'Officio strapazzati (über Messe und Stundengebet für Überanstrengte, 1760)

14. La vera sposa di Gesu Cristo cioe La monaca santa (die wahre
Braut Jesu Christi, nämlich die hl. Ordensfrau, 1760-61)

15. Considerazioni ed affetti sopra la Passione di Gesu Cristo
(Überlegungen und Affekte über die Passion Jesu Christi)

16. Via della salute (Der Weg des Heiles, 1766-67)

17. Pratica di amar Gesu Cristo (Übung der Liebe zu Jesus Christus)

18. Delle ceremonie della Messa (Zeremonien der Messe, 1769)

19. Sermoni compensate per tutte le Domeniche dell' anno
(zusammengefasste Ansprachen für alle Sonntage des Jahres)

20. Riflessioni sulla Passione di Gesu Cristo (Überlegungen über
die Passion Jesu Christi, 1773)

21. Traduzione de Salmi e Cantica (Übersetzung der Psalmen und
Cantica, 1774)

22. Il Sagrificio di Gesu Cristo (Das Opfer Jesu Christi, 1775)

23. La fedelta de Vassali (Die Treue der Vasallen, 1774)

24. Einige kurze Lebensbilder von Ordensleuten: der ehrw. Gennaro
Maria Sarnelli († 1744); der ehrw. Paolo Cafaro († 1753); der
Coadjutor des hl. Alfons: Vito Curzio († 1745); die Karmelitin Sr.
Teresa di Liguori († 1724)

25. Vittorie dei martiri (Die Siege der Märtyrer, 1775)

II. Moraltheologische Werke:

1. Theologia moralis (Das Standardwerk der kath. Moraltheologie, das eine reife Mitte hält zwischen jansenistisch lebensfrem
der Überstrenge und grundsatzlosem Laxismus, 1753-55).

2. Pratica del confessore (Praxis des Beichtvaters, 1755)

3. Praxis Confessarii (1757)

4. Istruzione e pratica per li confessori (Unterweisung und Praxis
der Beichtväter, 1757)

5. Homo apostolicus (1759). Hier geht es um eine für die Beichtväter gestraffte Darstellung der Moraltheologie, das ausgereifteste
Werk, das 118 Auflagen erreichte.

6. Il confessore diretto per la confessione della gente di campagna
(der für die Beichte der Landbevölkerung gebildete Beichtvater, 1764)

7. Istruzione al popolo (Unterweisung des Volkes, 1767)

8. Institutio catechistica (1768)

III. Dogmatische und apologetische Werke:

1. Breve dissertazione contro gli errori de moderni increduli oggidi
nominati materialisti e deisti (kurze Abhandlung gegen die Irrlehren der
modernen Ungläubigen von heute, die Materialisten und Deisten, 1756)

2. Verita della Fede, fatta evidente per li Contrasegni della sua
credibilita (die Wahrheit des Glaubens einsichtig gemacht, 1762)

3. Verita della Fede contro i materialisti che negano l'esistenza di Dio, i deisti che negano la religione rivelata, ed i settari che negano la Chiesa cattolica essere l'unica vera (die Wahrheit des Glaubens gegen die Materialisten, die die Existenz Gottes leugnen, gegen die Deisten, die die Offenbarungsreligion leugnen, und gegen die Sektierer, die leugnen, dass die kath.Kirche die einzig wahre ist, 1767)

4. Vindiciae pro suprema Romani Pontificis auctoritate contra Justinum Febronianum.

5. Opera dommatica contro gli eretici pretesi riformati (dogmatische Werke gegen die angeblich reformierten Häretiker)

6. Trionfo della Chiesa ossia Istoria delle eresie colle loro confutazioni (Triumph der Kirche - oder Geschichte der Häresien mit deren Widerlegung, 1772).

7. Riflessioni sulla verita della Divina Rivelazione contro le principali opposizioni de deisti (Überlegungen über die Wahrheit der göttlichen Offenbarung gegen die Haupteinwände der Deisten, 1773)

8. Condotta ammirabile della Divina Providenza in salvar l'omo per mezzo di Gesu Cristo (die wundersame Verhaltensweise der göttlichen Vorsehung im Rettungswerk des Menschen durch Jesus Christus, 1775)

9. Dissertazioni teologiche morali appartenenti alla vita eterna (moraltheologische Überlegungen bezüglich des ewigen Lebens)

10. Canzoncine spirituali (50 geistliche Lieder 1730-32): Der hl. Alfons dichtete bescheidene Liedertexte und komponierte dazu die entsprechenden Melodien. Diese Lieder werden heute noch in Italien und darüber hinaus gesungen; jeder kennt z.B. das Weihnachtslied «Tu scendi dalle stelle» oder «O mia bella speranza».

Theresia von Lisieux

1. Drei autobiographische handgeschriebene Manuskripte A, B, C sind zusammengefügt zur «Geschichte einer Seele» (Histoire d' une Âme):

A: Das im Auftrag der Priorin Sr. Agnes von Jesus niedergeschriebene Manuskript. Es werden darin die Wegstrecken ihrer religiösen Erfahrung in der Kindheit, vor allem das Ereignis ihrer Erstkommunion und Firmung bis zum Eintritt in den Karmel geschildert.

B: Das auf die Bitte ihrer Schwester Maria vom göttlichen Herzen verfasste Manuskript enthält einige der schönsten Seiten im Leben der Heiligen, ihre Berufung und Reifung.

C: Vor dem Tod der Heiligen in den ersten Julitagen 1897 niedergeschriebenes und der Priorin Sr. Maria von Gonzaga gewidmetes Manuskript. Es enthält die Erinnerung an besondere Ereignisse im Leben der Karmelitinnen und tiefe persönliche Erlebnisse und Erfahrungen (Prüfung des Glaubens, Gnade der Läuterung, schmerzvolle, dunkle Nacht, grenzenloses Vertrauen in Gottes väterliche Liebe).

2. 266 erhaltene Briefe an ihre Angehörigen, an Ordensfrauen und an ihre «Brüder», die Missionare

3. 54 Gedichte, darunter einige von großer theologischer und geistlicher Dichte

4. 8 «Récréations pieuses», poetische Texte und Bühnenstücke, von der Heiligen für ihre Klostergemeinschaft erdacht und vorge führt.

5. Eine Reihe von 21 Gebeten

6. Die in den letzten Monaten ihres Lebens gesprochenen Worte «Derniers Entretiens»

Literaturverzeichnis

F. Holböck, Gottes Ruhm, Große Heilige der katholischen Kirche in sechs Bänden: Das Allerheiligste und Die Heiligen; Ergriffen vom dreieinigen Gott; erreuint mit den Engeln und Heiligen; Geführt von Maria; Aufblick zum Durchbohrten; Heilige Eheleute; Christiana, Stein am Rhein 1981-2001.

F. Holböck, Diamantenes Jubiläum, Erinnerungen an 85 Lebens- und 60 Priesterjahre, Verlag A. Ruhland, Altötting 1998.

Jean Huscenot, Les Docteurs de l'Église, Médiaspaul, Paris 1997.

J. de Ghellinck, les premières listes des Docteurs de l'Église, in: Bulletin d'ancienne littérature et d'Archeologie chrét 2, 132 ff.

C. Kneller, Zum Verzeichnis der Kirchenlehrer, in: Zeitschrift für katholische Theologie 40, 1916, 1-47.

B. Forshaw, doctor of the Church, in: New Catholic Encyclopedia, 4. Bd., S.938f.

Alle entsprechenden Artikel in den AAS und ASS und im Lexikon für Theologie und Kirche, Freiburg 2000.

Berthold Altaner, Patrologie, Leben, Schriften und Lehre der Kirchenväter, 6. Auflage, 1998.

H.Kraft, Einführung in die Patrologie, Darmstadt 1991.

V. Schauber/H. M. Schindler, Bildlexikon der Heiligen, München 1999.

Dies., Santi e patroni nel corso dell'anno, Vatican 1997.

G. Kranz: Lexikon der christlichen Weltliteratur, Freiburg 1978.

S. Ancilli, Dizionario Enciclopedico de Spiritualita, Roma 1978.

Th. Schnitzler, «Die Heiligen im Jahr des Herrn», Freiburg 1978. Lektionar für die Feier des Stundengebetes 1 / 1-8, IV 1-8.

Die Feier des Stundengebetes. Stundenbuch für die katholischen Bistümer des deutschen Sprachgebietes, Hrsg. im Auftrag aller deutschsprachigen Bischofskonferenzen, Freiburg/Brsg. 2001.

Augustinus: Der Gottesstaat, Hrsg.: H. U. von Balthasar, 3. A., Einsiedeln 1996.

Thomas von Aquin: Sentenzen über Gott und die Welt. Lateinisch – Deutsch, hrsg. von Josef Pieper, 2. Aufl., Einsiedeln/Trier 1987.

A. M. di Liguori, Die Liebe zu Jesus Christus, hrsg. von P. E. Recktenwald, Köln 1998

Franz von Sales: Philothea, Einführung in das Leben aus christlichem Glauben. Franz-Sales-Verlag, Eichstätt 1995

Abschied von Ferdinand Holböck †

Von Arnold Guillet

Ferdinand Holböck wurde am 13. Juli 1913 als siebtes von zwölf Kindern in eine Kaufmannsfamilie geboren. Seine tief gläubigen Eltern, Josef und Leopoldine Holböck, prägten seine Kindheit und Jugend. Zwei seiner Brüder, Carl und Joseph, wurden ebenfalls Priester; seine Schwester Maria Assumpta wurde Ordensfrau. Holböcks Vorfahren besaßen während zwei Jahrhunderten eine kleine Mühle in einer höhlenartigen Talmulde in Geboltskirchen/ Oberösterreich. Da sie auch Brot backten, nannte man sie Hohlbäcker; daraus entstand der Name Holböck.

Als Bub ministrierte er fast täglich während der Frühmesse in der Stadtpfarrkirche Schwanenstadt. Eines Tages fand er neben dem Turm ein Bündel, das er in die Sakristei trug. Zusammen mit dem Mesmer und dem Kaplan öffneten sie das Bündel. Holböck schreibt in seinen 1998 erschienenen Erinnerungen zu seinem diamantenen Priesterjubiläum: «Es kam ein Büblein zum Vorschein, ein Findelkind. Keine Zeilen lagen dabei, die Aufschluss gegeben hätten über Herkunft und Taufe des Kindes. So fragte mich der Kaplan: ‹Welchen Namen soll ich dem Kind bei der Taufe geben?› Ich gab zur Antwort: ‹Den des Kirchenpatrons, St. Michael!› ‹Es braucht aber auch einen Familiennamen!› Und meine weitere Antwort darauf: ‹Beim Kirchturm hab ich ihn gefunden. Nennen wir ihn ‹Türmer›!› So wurde das Kind wirklich ins Taufbuch eingetragen.»

Als Elfjähriger durfte er am 1. Mai 1924 an der Einweihung des Immaculata-Doms in Linz, der größten Marien-Kathedrale der Welt, teilnehmen (aus jeder Pfarrei der Diözese Linz wurden ein Bub und ein Mädchen ausgewählt).

Ferdinand Holböck mit seinem sympathischen Lächeln

Ferdinand besuchte das Gymnasium Borromäum in Salzburg. Er studierte im Germanicum in Rom, wo die Erziehung durch die Jesuiten damals sehr hart und streng war, wie die Tatsache zeigt, dass die Studenten sechs Jahre nicht nach Hause fahren durften. Am 30. Oktober 1938 hatte er in der Kirche des Germanicums bereits die Priesterweihe empfangen.

Meine Eltern, meine beiden Priesterbrüder Carl und Joseph, meine Schwester Franziska und der Salzburger Neupriester Joseph Tomaschek waren dabei.

Während seiner Primizmesse haben ihm seine zwei Priesterbrüder Carl und Joseph assistiert. Von all dem Beeindruckenden des Priesterweihe- und Primiztages prägte sich mir am tiefsten ins Gedächtnis das mir in diesen Tagen gemachte Geständnis meiner guten Mutter ein, sie habe am Traualtar den Herrn gebeten, wenn er ihr Kinder schenke und darunter auch Söhne seien, so möge er doch einen davon für den Priesterstand erwählen. Anfangs habe es beim Heranwachsen der fünf Söhne so ausgesehen, als ob keiner Priester würde, bis dann die ersten zwei Söhne als Spätberufene zur Priesterweihe kamen. Und nun sei ich als dritter ebenfalls zum Priester geweiht worden. Gott habe also ihr Gebet am Traualtar dreifach erhört; für diese Gnade, dreifache Priestermutter sein zu dürfen, könne sie nie genug danken.

An der Päpstlichen Universität Gregoriana erwarb er das Doktorat in Theologie «summa cum laude». Holböck schreibt in seinen Erinnerungen: «Am 8. Juni 1940, zur selben Stunde, da ich in der ‹Gregoriana› meine Dissertation verteidigte und mit den Worten aus dem Laudes-Hymnus des Fronleichnamsfestes schloss: ‹O salutaris Hostia, quae coeli pandis ostium, bella premunt hostilia: da robur, fer auxilium.› (O Opferlamm, das uns erlöst und uns des Himmels Tor erschließt: Wenn uns der Feinde Macht bedrängt, dann gib uns Kraft und steh uns bei!›), da hielt drüben auf der nahen Piazza Venezia der Diktator Benito Mussolini eine gewaltige Großkundgebung ab, in der er den Volksmassen die Frage entgegenschleuderte: ‹Camerati, volete la guerra?› (‹Kameraden, wollt ihr den Krieg?›). Und die in die Räume der Gregoriana herüberdonnernde Antwort darauf war ein hunderttausendfaches wahnsinniges ‹Si, duce, si› (‹Ja, Duce, ja!›) Zwei Tage darauf, am 10. Juni 1940, trat Italien durch Kriegserklärung an Frankreich und England in den Zweiten Weltkrieg ein.

Beim Anschluss Österreichs an das Deutsche Reich hatte Holböck auf dem deutschen Panzerschiff im Hafen von Gaeta mit Nein gestimmt. Aus diesem Grund erhielt er kein Visum für die Rückkehr, denn es hieß: «Wir haben schon genügend Pfaffen im Dritten Reich!» Holböck konnte schließlich erst 1941 in seine österreichische Heimat zurückkehren.

Ferdinand Holböck wirkte von 1946 bis 1983 als Professor an der Theologischen Fakultät der Universität Salzburg.

Mein Herzensanliegen war allzeit, wissenschaftlich gut geschulte, schrift- und traditionsbewusste, kirchen- und papsttreue Verkünder des unverfälschten und unverkürzten christlichen Glaubens zusammen mit meinen Kollegen heranzubilden. Dass ich dabei – vor allem in den letzten Jahren – als konservativ verschrieen wurde, hat mir wenig ausgemacht, weil ich gut weiß, dass es im richtig verstandenen und für die Kirche existenznotwendigen Konservativismus nicht auf das Bewahren der Asche, sondern auf Glut und Feuer unter der Asche ankommt. Er leitete als Redakteur 21 Jahre lang das Österreichische Klerusblatt. 1973 wurde er in das Salzburger Domkapitel aufgenommen. Daneben war Holböck ein gesuchter Prediger und Exerzitienmeister. In der Zeit der schweren Glaubenskämpfe stellte er sich mit seinem Buch

«Credimus» klar hinter das Credo von Papst Paul VI. Er wurde Mitglied der Päpstlichen Akademie der Wissenschaften. Holböck hat auch große Wallfahrten als geistlicher Leiter betreut. Zwei dieser Pilgerreisen durfte ich mitmachen, die nach Griechenland und die große nach Leningrad/Moskau/Halbinsel Krim im Jahr 1992. Über diese Fahrt haben wir zusammen das Büchlein «Sergius von Radonesch – der größte Heilige Russlands» herausgebracht. Holböck war ein tief frommer Priester und begnadeter Schriftsteller. In den letzten 30 Jahren war der Christiana-Verlag sein Hausverlag und hat zwanzig seiner Bücher herausgebracht. Sein Hauptwerk ist die große Reihe «Gottes Ruhm – die Heiligen der katholischen Kirche in sechs Bänden». Bekannt ist auch seine Reihe «Die Neuen Heiligen der Katholischen Kirche» in vier Bänden.

Holböck war ein passionierter Bergsteiger. Auf dem Ortler, dem höchsten Berg Österreichs, auf dem Großglockner und anderen Gipfeln gab er jeweils dem Schöpfer dieser wunderbaren Bergwelt die Ehre, indem er auf dem Gipfel eine Heilige Messe zelebrierte und dies auch ins Gipfelbuch eintrug.

Wie sehr Ferdinand Holböck bekannt und beliebt war, zeigt die Tatsache, dass er fünfundzwanzig Mal Primizprediger sein und die Erhabenheit des Priesterberufes aufzeigen durfte.

Holböck schreibt über Lourdes in seinen Erinnerungen:

«Auf einem Krankenpilgerzug nach Lourdes traf ich mit dem neuen Erzbischof von Wien, DDr. Franz König, damals noch nicht Kardinal, zusammen. Als Erzbischof König mich sah – wir waren vor seiner Bischofsernennung Kollegen an der Theologischen Fakultät in Salzburg gewesen, er Moralprofessor, ich Dogmatikprofessor – da sagte er zu mir: ‹Ich habe keinen Sekretär mit. Könntest Du nicht in Lourdes meinen Sekretär machen?› Gern

willigte ich ein. Beim ersten Besuch an der Erscheinungs-
grotte in Lourdes erbaute ich mich am neuen Wiener
Erzbischof, weil er sich demütig vor der Erscheinungs-
grotte in den Staub niederkniete und dann lange mit aus-
gebreiteten Händen betete. Dann gingen wir beide den
Höhenweg zum Priesterhospiz hinauf, wo wir wohnen
sollten. Auf halbem Weg fanden wir ein neu errichtetes
Denkmal. Ein blinder Mann kniete da mit gefalteten Händen, den Kopf in Richtung auf die Grotte der Erscheinung unterhalb des Höhenweges haltend: ‹Wer mag da
wohl dargestellt sein?›, so fragte mich der Wiener Erzbischof. Einige Minuten überlegten wir beide. Dann machte ich die Bemerkung: ‹Vielleicht ist der blinde Steinhau-
er Louis Buriette dargestellt, der als erster durch Wa-
schen seiner blinden Augen mit dem Wasser aus der
Wunderquelle geheilt worden ist?› Ich war es dann, der
auf der Rückseite des Denkmals eine Inschrift entdeck-
te, die meine Vermutung bestätigte: Eine reiche italienische Industriellen-Gattin, die längst den Glauben ihrer
Kindheit verloren hatte, war nach Lourdes gekommen,
nur um über den Wallfahrtsrummel dann daheim spöt-
tisch berichten zu können. Aber es kam ganz anders.
Während der sakramentalen Segnung der vielen Kranken wurde sie innerlich erleuchtet und fand zurück zum
Glauben. In die Rückseite des Sockels des Denkmals,
das sie errichten ließ, hat sie aus Dankbarkeit die Worte
setzen lassen: ‹Retrouver la foi c'est plus que retrouver
la vue.› (Den Glauben wiederfinden ist mehr als das
Augenlicht wiederfinden.)»

Holböck wusste sich einer marianischen Zahlen-
symbolik verbunden. So schrieb er in seinen Erinnerungen: «Der gütige Gott und christliche Eltern haben mir
ein stark an Fatima gemahnendes Geburtsdatum zuge-
dacht: Am Sonntag, dem 13. Juli 1913, um 13.13 Uhr
wurde ich geboren! (Vier Mal die Fatima-Zahl 13!). Aber-

gläubische Menschen halten die Zahl 13 für eine Unglückszahl. Ich kann das aus meinem Leben leicht widerlegen: Die Zahl 13 spielt in meinem Leben mehrmals eine entscheidende Rolle zu meinem Glück.»

Es gibt Menschen, die in einer besonderen Beziehung zur Muttergottes stehen. Man denke an die hl. Bernadette und an Jean-Marie Vianney, den hl. Pfarrer von Ars. Zu den Bevorzugten der Muttergottes gehört sicher auch Ferdinand Holböck. Sein Sterbetag hat dem Ganzen die Krone aufgesetzt, denn er starb am Sonntag, den 13. Oktober 2002.

Holböck blieb seiner Berufung treu. Er wurde ein sehr marianischer Priester. Er feierte seine Primiz in einer Marienkirche, nämlich in der Kirche Santa Maria de Anime in Rom. Berühmt sind seine Fatima-Predigten in der Anbetungkirche Sankt Maria Loretto in Salzburg. Während 27 Jahren hielt er in dieser Kirche jeden Sonn- und Feiertag den viel besuchten Gottesdienst mit Predigt und an jedem 13. des Monats die Fatima-Sühne-Messe. Er starb im 90. Lebensjahr und im 65. Priesterjahr. Seine geistige Ausstrahlung wird in der Zukunft andauern, denn durch seine zahlreichen klassischen Bücher erreicht er täglich eine große Lesergemeinde.

Arnold Guillet

Gottes Ruhm

Von Prof. Dr. Ferdinand Holböck, Salzburg
Große Heilige der katholischen Kirche in sechs Bänden

Das Allerheiligste und die Heiligen

Eucharistische Heilige, 2. Aufl., 445 S., 16 Fotos, Ln.
Jeder der 86 befragten Heiligen bringt neue Saiten zum
Klingen und der Zusammenklang schwillt an zu einem
vielstimmigen Chor wie das «Ave verum» von Mozart.

Ergriffen vom dreieinigen Gott

Trinitarische Heilige, 399 Seiten, 16 Fotos, Leinen
Holböck stellt Heilige vor, die in besonderer Weise vom
Geheimnis der Heiligsten Dreifaltigkeit ergriffen waren.

Vereint mit den Engeln und Heiligen

Angelische Heilige, 2. Aufl., 449 Seiten, 25 Fotos, Ln.
Es gilt das Wort des Schweizer Kardinals Charles Journet:
«Die Engel offenbaren sich, aber nur jenen, die sie lieben.»

Geführt von Maria

Marianische Heilige, 636 Seiten, 103 Abb., Leinen
Holböck stellt uns marianische Heilige aller Jahrhunderte
vor. Er zeigt, wie unter der Führung des Heiligen Geistes
jeder Heilige tiefer in die Gnadenprivilegien der
Muttergottes eindringen durfte.

Aufblick zum Durchbohrten

Große Herz-Jesu-Verehrer, 386 Seiten, 91 Abb., Efalin
Es lohnt sich, jene Heilige zu befragen, die wie Johannes am
Herzen Jesu ruhten und mit ihm Zwiesprache hielten.

Heilige Eheleute

Verheiratete Selige u. Heilige, 2. A., 381 S., 111 Abb., Ln.

CHRISTIANA-VERLAG • CH-8260 STEIN AM RHEIN

WOLFGANG WALDSTEIN
Neueste Erkenntnisse über das Turiner Grabtuch

2. erweiterte Aufl., 110 Seiten, 55 Farbfotos, 12 s/w-Abb.

Christus hat seiner Kirche sein Bildnis hinterlassen. Dazu wirkte er ein Wunder: Im Augenblick seiner Auferstehung am Ostermorgen ereignete sich eine «Explosion» von Licht, ein «Energie-Blitz». Anders wäre, wie die moderne Atomwissenschaft festgestellt hat, eine Konservierung seines Abbildes im Leichentuch nicht möglich gewesen.

Das Bildnis im Leichentuch ist ein Foto-Negativ, was erst vor 100 Jahren erkannt werden konnte, als Secondo Pia dieses fotografierte und dann als erster Mensch das Antlitz Christi auf dem Leichentuch in der positiven Form erblickte.

MAX THÜRKAUF
Christuswärts   *Glaubenshilfe gegen den Atheismus*

4. erweiterte Aufl., 33. Tsd., 155 Seiten, 1 Foto, Pb.

In allen Kulturen wurde in der Reihenfolge gefragt: *Wer* hat die Welt erschaffen? - *Was* hat Gott erschaffen? - *Wie* hat Gott erschaffen? In der modernen Naturwissenschaft ist die Reihenfolge umgekehrt worden. So entstand die auf das Wie, das «Know how» reduzierte Naturwissenschaft, die zum Materialismus entartete. Hier zeigt uns ein Insider die Schwächen dieses Systems. Mit der ganzen Leidenschaft des Forschers fragt er wieder nach dem Was und dem Wer, nach dem Sinn. Thürkauf entdeckt die Schönheit der Schöpfung und hilft, die Naturwissenschaft wieder zu einem Weg zu Gott zu machen.

MAX THÜRKAUF   **Die Gottesanbeterin**
2. Aufl., 149 Seiten, 4 Abb.

Das Buch ist ein Vermächtnis des berühmten Biologen Adolf Portmann an Max Thürkauf. Es enthält die Substanz vieler Gespräche der beiden Gelehrten. Deutlich stellt sich deren tiefe Religiosität gegen den Atheismus des Darwinismus.

CHRISTIANA-VERLAG • CH-8260 STEIN AM RHEIN

SCOTT UND KIMBERLY HAHN
Unser Weg nach Rom
4. Aufl., 22. Tsd., 219 Seiten, 11 Fotos, Pb.
Scott Hahn, protestantischer amerikanischer Theologe, und
seine Frau Kimberly beschreiben in diesem Buch ihr Ringen
um den katholischen Glauben bis zur Konversion. Sie tasteten
sich in der Bibel vor und fanden darin die Lehre der katholischen Kirche bestätigt. Sie schrieben im Vorwort: «Als wir an-
fingen, unser Buch zu schreiben, ahnten wir nicht, wie sehr
dieses Buch unterschiedliche Gruppen von Lesern bewegen
würde. Viele schrieben uns, dass das Buch ihnen geholfen
habe, Missverständnisse über das Katholische zu korrigieren.

MAX SCHENK **Das heilige Messopfer**
Theolog. Überlegungen zur Eucharistielehre der Kirche
160 Seiten, 9 farbige Bildtafeln, Pb.
Das größte Vermächtnis der Liebe Christi an die Seinen ist
die heilige Eucharistie, das Brot des Lebens. Der Christ ist
gehalten, über dieses größte Geheimnis unseres Glaubens
immer wieder einmal zu meditieren, damit es nicht zur Form-
sache wird. Dieses Buch will zum Nachdenken über die heilige Eucharistie anregen, insbesondere über deren Charakter
als Kultopfer der Kirche, als Opfer des Neuen Bundes.

HUGO STAUDINGER
Kirchengeschichte als Interpretation der Weltgeschichte
244 Seiten, 109 Fotos, Pb.
Alle Ereignisse der Weltgeschichte datieren wir heute nach
der Geburt Jesu. Versuche, andere Zeitrechnungen einzufüh-
ren sind gescheitert. Was bedeutet diese Hinordnung der gesamten Weltgeschichte auf Jesus Christus? Christen sind über-
zeugt, dass in und für Christus alles geschaffen wurde. Dieses Buch zeigt überraschend deutlich, dass Jesus Christus
tatsächlich der Schlüssel zur Weltgeschichte ist.

CHRISTIANA-VERLAG • CH-8260 STEIN AM RHEIN

ARTHUR MAXIMILIAN MILLER
Hl. Crescentia von Kaufbeuren

4. Aufl., 400 S., 13 Abb., 20 Farbt., geb., € 23.-, Fr. 33.-
Crescentia von Kaufbeuren wurde am 25. November 2001
heilig gesprochen. Sie war im Kloster eine Ausnahme-
erscheinung, denn sie strahlte Demut und Weisheit aus, die sie
aus der Torheit des Kreuzes schöpfte. Crescentia hatte nicht
nur unter ihren Mitschwestern, sondern auch unter dämoni-
schen Quälereien zu leiden. Nachts durften sich Arme Seelen
bei ihr melden. Ihr Ruf verbreitete sich, Bischöfe und Kaiser
fragten sie um Rat. Kaiser Karl VII. und Kaiserin Maria
Theresia standen mit ihr in Briefwechsel.
Diese meisterhafte Biographie verdanken wir der Kenntnis
eines Historikers und der visionären Kraft eines Dichters.

FRANCIS TROCHU **Der Pfarrer von Ars**
488 Seiten, 24 Farbtafeln, 31 Abb., Pb., € 19.80, Fr. 28.-
Der hl. Pfarrer von Ars – ein Anachronismus in unserer hedo-
nistischen Zeit? Warum soll man sich mit einer solch skurrilen
Gestalt abgeben? Sein Leben ist ein Abenteuer. Vianney
verzichtete aus Liebe zu Gott und zur Bekehrung der Sünder
weitgehend auf Nahrung und Schlaf. Sein Martyrium vollzog
sich beim täglichen 15-stündigen Beichthören. Sein Weg zur
Heiligkeit war lang und wenn man ihn lesend nachvollzieht, geht
einem auf, warum er so handeln musste und nicht anders konnte.

GERTRUD DIE GROSSE
Gesandter der göttlichen Liebe

2. erweiterte Aufl., 507 Seiten, 26 Abb., € 17.80, Fr. 25.-
Die hl. Mechtild von Hackeborn wurde in Helfta Gertruds
geistliche Mutter, die hl. Mechtild von Magdeburg ihre Novizenmeisterin. Der hl. Gertrud erschien Christus. Ihre geistlichen
Gespräche mit ihrem Bräutigam Christus fanden ihren Nieder-
schlag in diesem Werk, das den Leser nicht mehr los lässt.

CHRISTIANA-VERLAG • CH-8260 STEIN AM RHEIN

PROF. DR. ERICH BLECHSCHMIDT
Wie beginnt das menschliche Leben
Vom Ei zum Embryo. Befunde und Konsequenzen
7. erw. Aufl., 210 S., 4 Farbt., 71 Abb., € 14.-, Fr. 19.80
Prof. Blechschmidt schildert den Werdegang des Menschen vom Ei zum Embryo. Die qualitativ einmaligen Abbildungen geben eine Übersicht über die entscheidenden Vorgänge der pränatalen Individualentwicklung. Die Leistungen des Erwachsenen werden durch frühembryonale Elementarfunktionen des Organismus vorbereitet. Blechschmidts Forschungen bringen neue Fakten zur Embryologie in die weltweite Diskussion zum Thema Evolution und zu Fragen der Lebensbewertung, die im Rahmen der Gentechnik, des Klonens, der pränatalen Diagnostik und der Stammzellenforschung neu gestellt werden.

CHARLES PROBST **Unterwegs als Neurochirurg**
3. A., 361 S., 72 Fotos (39 farbig), geb., € 25.-, Fr. 44.-
Charles Probst hält hier Rückschau auf sein Leben. Er war Professor und Verfasser wissenschaftlicher Werke; die tägliche Praxis bewirkte, dass sich sein Wissen im Kampf um Leben und Tod bewährte. Er führte ca. 20´000 Hirn- und Rückenmarksoperationen aus. Sein Interesse galt grundsätzlichen Fragen: Grenzen der Intensiv-Medizin, Sterbehilfe, Hirntod, Transplantationsmedizin, Leben und Tod. Seine Leben ist geprägt von der Erkenntnis: Wesentlich ist die Führung von oben.

JAKOB HÄNE
Apokalypse – Geheime Offenbarung
Bildband, 104 S., 46 Farbbilder, Pp., € 17.50, Fr. 31.-
Kaum jemals brauchte Christus so harte Worte wie damals, als er den Pharisäern und Sadduzäern vorwarf, sie wüssten die Zeichen der Zeit nicht zu deuten. Fünf Autoren haben hier, jeder auf seine Weise, den Einstieg in die Apokalypse gewagt.

CHRISTIANA-VERLAG • CH-8260 STEIN AM RHEIN